생각이 많은 당신을 위한
말하기 수업

'KANGAESUGITE KOTOBA GA DENAI' GA NAKUNARU

Copyright © Takashi Saito, 2024

Korean translation copyright © 2025 by Woongjin Think Big Co., Ltd., All rights reserved.

Original Japanese edition published by Sunmark Publishing, Inc., Tokyo, Japan.

Korean translation rights arranged with Sunmark Publishing, Inc. through Danny Hong Agency, Seoul.

고민을 줄이면 대화가 쉬워진다

생각이 많은 당신을 위한 말하기 수업

사이토 다카시 지음
최지현 옮김

웅진 지식하우스

추천의 말

　말을 잘하는 사람들을 보면 경청도 잘하고 키워드를 찾아 상대방에게 질문하는 능력도 수준급이다. 유재석 씨가 그 대표적 예다. 편하게 이야기할 수 있는 '소통의 안전지대(이 책에 나온 단어인데 아주 마음에 든다)'를 자연스럽게 만들어준다. 누구나 쉽게 할 수 있는 일은 아니지만 소통할 의지만 있다면 방법은 배우면 된다. 책 내용 중 '제가 말을 못한다고 생각했는데 의외로 그렇지 않았어요'라는 문장이 정답이다. 반대로 말하면 처음부터 소통을 잘하는 사람은 없다는 뜻이다. 소통은 원래 어려우니 위축될 필요 없다.

　웃기는 사람보다 웃는 사람이 더 소중하다. 자기 얘기만 하는 사람보다 상대의 말을 경청하며 적절하게 질문해주는 사람이 너무나 소중해진 세상이다. 소통의 99퍼센트는 진심이다. 그러나 나머지 1퍼센트를 차지하는 기술이 부족하면 관계가 망가지기도 한다. 그래서 이 책이 너무 좋다. 책을 읽는 것만으로도 마음이 편안해지고 관계 맺기에 대한 용기가 생긴다. 소통의 기술을 친절하고 구체적으로 설명해주어 술술 읽힌다. 1년에 한 번 정도 정독하면서 자신의 소통 상태를 점검하는 가이드북으로 활용해도 좋을 것 같다. 아쉬운 점이 있다면 '내가 쓴 책이었으면 좋았을 걸' 하고 질투하게 된다는 점(?).

_윤대현(서울대병원 정신건강의학과 교수, 『무기력 디톡스』 저자)

종종 서먹한 대화를 나누고, 서로를 영영 찾지 않을 때가 있다. 그럴 때면 남몰래 대화를 반추하며 스스로를 채근했다. '너무 재미없게 말했나?' 혹은 '나도 모르게 말실수를 했을까?' 그렇게 혼자 답도 없이 마음을 끌어안고 있었다. 하지만 돌아보면 그런 방식으로 자신을 책망하는 건 대체로 별 소용이 없었다. 어떻게 해야 다음번에 다시 만나고 싶은 사람이 될 수 있을까? 해답은 생각보다 단순했다. 잘 듣고, 편안하게 해주고, 상대에게 진심으로 관심을 기울이는 것. 대화는 결국, 말의 유창함이 아니라 사람과 사람 사이의 온기로 이어지는 것이었다. 이 책을 읽고 나니 앞으로 나눌 대화들이 새삼 기대된다. 말을 더 잘하려 애쓰기보다 더 잘 듣고, 더 깊이 이해하고 싶어진다. 덕분에 대화가 부담이 아니라 조금 더 따뜻한 순간으로 다가올 것 같다.

_이연(유튜브 크리에이터, 『매일을 헤엄치는 법』 저자)

차례

추천의 말 4

시작하며
넘치는 생각 때문에 말문이 막히는 당신에게 10

1장 말을 못한다는 건 착각입니다
나에게 맞는 대화 방식이 있다 19
'어떻게 보일까'만 신경 쓰고 있다면 24
나보다 다른 이를 챙기는 사람 34
상대의 호감을 얻는 소통의 3대 요소 39
대화도 악기처럼 배우고 익히는 것 46

2장 생각이 너무 많은 이들을 위한 대화법

대화의 기본은 '준비하는 자세'다 55

"휴일에 뭐 하셨어요?"에는 뭐라고 답할까? 69

'모른다'는 말은 때로 폭력적이다 79

내 얘기보다 상대방과의 접점 찾기 89

말문이 막히는 심리적 이유 94

대화가 끊이지 않는 '생각났는데' 화법 101

'10초 잡담'과 '담백한 칭찬' 105

나이 차이를 극복하는 대화법 110

때로는 적절히 끊는 것이 중요하다 115

3장 또 얘기하고 싶은 사람이 되고 싶다

대화는 '듣는 사람'이 주도한다 123
대화의 질을 가르는 리액션 기술 131
좋은 질문은 말하고 싶은 마음을 부른다 138
당신은 '프로 진행자'다 145

4장 좋은 관계는 편안한 대화에서 시작된다

중거리 인간관계의 중요성 155
이야기는 최대 1분, 재미있는 것은 세 가지씩 164
상대에 따라 속도를 달리하기 173
관계에서 한 발 더 내딛는 법 180
자연스럽게 다음 기회를 만드는 사람 186

5장 언제 어디서나 쉽게 말문 트는 법
모임은 관계를 넓히는 소중한 기회 197
낯선 이에게 말을 건네는 법 210
좋은 인상을 남기는 말투 219
아이디어가 샘솟는 비즈니스 대화법 227

마치며
대화가 통하는 단 한 사람만 있어도 234

부록
생각이 많은 이들을 위한 커뮤니케이션 스킬 14 236

시작하며

넘치는 생각 때문에
말문이 막히는 당신에게

'이런 말을 하면 상대가 어떻게 받아들일까?'
'이런 이야기를 하면 사람들이 날 싫어할지도 몰라.'
'바로 대답하지 못했는데, 분위기를 망쳤다고 생각할까?'
'이상한 말을 한 것 같은데 어떻게 하지…'

누군가와 대화할 때 자신도 모르게 생각이 많아지는 사람들이 있습니다. 생각이 많아지면 말하기가 두려워지고 '나는 말을 잘 못해', '나는 말을 잘 못하는 성격이야'라고 스스로를 낙인찍게 되죠. 그래서 주도적으로 대화해야 할 때조차 자신감을 잃고 말문이 막히게 됩니다.

그런데 사실 말을 못한다는 생각은 착각일 뿐입니다. 저는 지금까지 약 40년 동안 수만 명을 대상으로 커뮤니케이션 강의를 했습니다. 그 과정에서 깨달은 사실은 '말을 못하는 사람은 없다'는 것입니다. 성격이 내향적인 사람도 스스로 말을 잘 못한다는 고정관념을 버리고 몇 가지 대화 요령을 익혔더니 어떤 상황에서든 자연스럽게 대화할 수 있었습니다.

당신이 말을 못하는 것은 성격 탓이 아니라 생각이 너무 많기 때문입니다. 머릿속에 넘쳐나는 생각을 줄여야 대화하기 쉬워집니다. 당신이 '이런 말을 하면 이상하게 생각하려나', '내가 너무 재미없는 얘기만 했나 봐'라고 생각한다고 해도 상대방은 크게 신경 쓰지 않을 것입니다.

그런 걱정을 하느라 대화를 원활하게 이어가지 못하고 '이야기에 끼지 못했어', '내 얘기를 많이 하지 못했어'라며 속상해하겠지만 정작 상대방은 그 자리의 분위기를 살려주고,

이야기를 열심히 들어준 당신에게 고마워할지도 모릅니다. 그러니 근거 없는 착각으로 자신감을 잃을 필요가 전혀 없습니다.

저는 시대가 변해감에 따라 말을 잘하는 사람에 대한 정의도 달라지고 있다고 생각합니다. 요즘에는 갑자기 가까이 다가오거나 자신의 의견을 부담스럽게 강요하는 이들에게 거부감을 느끼는 사람이 많습니다.

대화에서도 마찬가지입니다. **강한 어조로 말하는 사람이 아니라 상대가 안심하고 이야기를 꺼낼 수 있는 안전지대 같은 분위기를 만드는 사람이 좋은 인상을 줍니다.**

대화를 잘하려면 꼭 대단한 능력이나 전문 지식을 갖춰야 하는 것이 아닙니다. 나만의 방식으로 편안하게 대화를 이끌어나가는 게 더 중요하죠. 아나운서처럼 유창하게 말하지 않아도, 재미있는 이야기로 분위기를 띄우지 않아도 괜찮습니다.

제가 가르치는 대학교 학생들을 보면 '적극적으로 이야기하는 사람'보다 '중심에 서지 않아도 분위기를 잘 이끄는 사람'이 대화의 주인공이 됩니다. TV에서 게스트의 이야기를 잘 이끌어내는 능숙한 진행자가 인정받는 것처럼요. 이런 사람들은 무리에서 '꼭 필요한 사람'으로 인식됩니다.

이런 사람들이 대화할 때 가장 중요하게 여기는 것이 무엇일까요? **바로 '내가 무슨 이야기를 할까'가 아니고 '어떻게 하면 분위기를 살릴까' 생각하는 것입니다.** 이처럼 우리는 적절한 경청과 배려로 분위기를 온화하게 만드는 것을 목표로 삼아야 합니다.

◆◆◆

지금은 SNS를 통해 커뮤니케이션이 활발히 이루어지다 보니 'SNS로 이야기하면 되니 굳이 현실에서 만날 이유를 모르겠다', 'SNS에서는 내 방식대로 말할 수 있는데, 실제로 만나는 건 힘들다'라는 말도 심심치 않게 나옵니다.

하지만 누군가를 만나고 대화하는 것은 지금까지 몰랐던 상대방의 모습이나 새로운 세계를 알게 되는, 더없이 소중한 기회입니다. 한 발 나아가 상대방과의 거리를 좁히거나 관계를 발전시킬 수 있다면 지금까지는 몰랐던 세상이 보일 것입니다. 한 걸음만 더 나아가면 상대와 친해질 수 있고, 일이나 인생에 긍정적인 영향을 줄 사람을 만날지도 모르는데, 시도도 하지 않고 포기하는 것은 안타까운 일입니다.

다른 이와 이야기하는 것이 피곤하다고 생각하는 사람도 많을 것입니다. 하지만 어디서나 활용 가능한 스몰 토크 소재, 근황 토크 노하우, 이야기가 끊이지 않는 질문법 등 이 책에서 다루는 커뮤니케이션 스킬을 익히면 대화가 한결 쉬워질 겁니다.

상대를 배려하는 말로 자연스럽게 대화를 이어갈 때 우리는 서로를 신뢰하게 됩니다. 직장 생활이든 일상생활이든 인간관계가 수월해진다면 좀 더 편안하고 풍요로운 시간을 보낼 수 있겠죠. 이 책이 언제 어디서나 긴장하지 않고 편안하게 이야기할 수 있는 계기가 된다면 좋겠습니다. 비결만 안다면 누구든 할 수 있습니다. 그러면 인생 또한 바뀔 것입니다.

1장

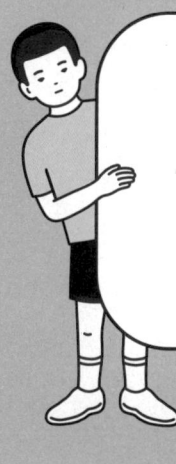

말을 못한다는 건
착각입니다

> **나에게 맞는
> 대화 방식이 있다**

직장이나 학교, 또는 모임에서 처음 보는 사람에게 적극적으로 다가가 분위기를 띄우고 대화를 이끌어나가는 사람이 있습니다. 언제나 사람들 중심에 있고 즐거워 보이죠. 이를 부러워하는 사람이 있을지도 모르겠습니다.

하지만 거침없이 앞에 나서는 사람은 소통 능력이 있다고 평가받을지는 몰라도 남에게 반감을 살 위험도 있습니다.

자신을 잘 어필하고 자신감 넘치는 모습을 대단하다고 여길 수도 있겠지만, 이들은 일방적으로 자기 이야기만 한다거나 계획에 없던 약속을 갑자기 성사시키는 등 상대를 간혹 불편하게 만들기도 합니다.

당신은 그런 '거침없는 사람'이 되고 싶은가요?

이런 사람은 '일을 잘한다'라는 인상을 주기도 합니다. 일이란 인성이나 다정함, 배려심 같은 인간적인 부분보다 효율, 속도, 위험 요소 관리라는 비인간적인 부분으로 승부를 보는 면이 있어서 일할 때에는 주변을 신경 쓰지 않고 거침없이 실행하는 사람이 더 유리하기 때문이죠.

하지만 그런 사람과 함께 있고 싶다고 생각하는 사람은 과연 얼마나 될까요? 직장이라면 그런 사람을 불편하게 느끼는 사람이 있을지도 모르고, 어쩌면 중요한 순간에 그들을 도와주는 사람은 의외로 적을지도 모릅니다. 다시 한번 묻겠습니다. 당신은 그런 사람이 되고 싶은가요?

당신만의 방식으로 편안하게 대화할 수 있다면 그게 더 좋지 않을까요?

때론 배려심이 벽을 만든다

회사에 신입 사원이 들어왔을 때나 대학교 새 학기에 사람들과 빨리 친해지고 싶을 때 함께 술이라도 한잔해야겠다는 생각이 들고는 합니다. 하지만 문득 이런 걱정이 들어 주저하게 됩니다.

'술 한잔하자고 하면 '이 사람 뭐야? 자기가 뭔데?'라고 생각하면 어쩌지?'
'내가 주도하면 혼자 튀려 한다고 생각하진 않을까?'
'아무도 호응 안 해주면 민망한데.'

저는 오랫동안 대학교에서 학생들을 가르쳐왔는데, 특히 요즘 젊은 친구들은 다른 사람과의 거리를 한 번에 줄이려

하지 않는 '배려심'이 많은 것 같더군요.

말하자면 적당히 거리를 두면서 상대와 천천히 가까워지려는 것이죠. 그런 이유로 무작정 다가가지 않고 자신을 받아들여줄지 신중하게 알아보려는 경향이 있는 듯합니다.

그런데 때로는 이런 모습이 '거리를 너무 빨리 좁히면 거부감만 주고 상대방의 싸늘한 반응에 괜히 나만 상처받을 수도 있다. 그럴 바에는 아예 다가가지 말자'고 생각하는 것처럼 보이기도 합니다. 제가 만든 말이긴 한데 '소통의 결계結界'를 치고 있는 듯한 느낌입니다. '지켜보기 결계'라고도 할 수 있겠군요.

그런데 그 결계를 깨고 모임을 주도하는 학생이 있으면 "같이 하자고 해줘서 기뻤어", "모두가 모이는 자리를 마련해줘서 좋았어"라는 말이 나옵니다. 누군가 결계를 깨길 기다리고 있었던 것이죠. 그러니 용기를 내 제안해볼 필요가 있는 겁니다.

단, 말을 걸 때 주저하면 무슨 말을 하는지 상대가 쉽게 알아차리지 못할 수도 있으니 되도록 간결하게 이야기하는 게 좋습니다.

물론 라인LINE(메시지, 음성 통화 서비스를 제공하는 커뮤니케이션 메신저-옮긴이) 같은 모바일 메신저를 이용해도 좋습니다. 막상 해보면 '뭐야, 너무 쉽잖아?'라고 깨닫게 될 것입니다. 어렵게 생각하지 말고 편안하게 시도해보세요.

> **'어떻게 보일까'만
> 신경 쓰고 있다면**

앞에서도 말했지만, 다른 사람과 대화할 때 이런저런 생각을 하는 사람이 많습니다. '이런 말을 하면 날 싫어하지 않을까?', '이런 제안이나 질문을 하면 바보 같다고 비웃진 않을까?' 고민하느라 피곤해지는 것이죠. 그런데 이는 '상대의 건너편에 있는 나를 보면서 이야기하는' 것과 같다고 할 수 있습니다.

오로지 상대가 나를 어떻게 볼지에만 신경을 쏟는 탓에 상대가 아니라 나 자신에게 의식이 향하는 것입니다. 상대도 같은 마음이라면 서로가 대화를 하는 게 아니라 '상대가 보고 있는 나'를 보려고만 할 것입니다. 이래서야 소통이 될 리 없고 불필요한 에너지만 쓰게 될 뿐입니다.

여기서 잠시 어려운 이야기를 하고 넘어갈까 합니다. 노르베르트 엘리아스Norbert Elias라는 영국 국적의 유대계 독일인 사회학자의 저서 중 『매너의 역사』라는 책이 있습니다. 문명론을 다룬 책으로 유럽에서 어떤 식으로 매너가 생겼고 어떻게 발달했는지 정리한 책입니다.

이 책에 따르면 문명화란 매너가 발달해온 과정을 말합니다. 매너가 발달하면서 거칠고 무심했던 사람들이 매너를 통해 자신을 가다듬고 자제할 수 있게 되었다는 것입니다. 이런 과정을 통해 사람들의 행동과 감성이 점점 섬세해졌다고 합니다.

우리가 섬세한 감성을 지니게 된 것은 어떻게 보면 문명이 발달한 결과라고도 할 수 있습니다. 그렇지만 지나치게 감성을 중시하느라 다른 사람이 나를 어떻게 생각하는지에만 몰두한다면 피곤해지기만 할 뿐입니다. 조금은 무심해져도 괜찮습니다.

저 사람이 나를 싫어하는 걸까?

다른 사람과 소통하기 힘들다고 생각하게 된 원인 중 하나로 대화를 하다가 무시당한 경험을 들 수 있습니다. "그런 것도 몰라?", "넌 됐어" 같은 적나라한 말을 들었다거나 공감받지 못한 경험, 자신이 한 말에 분위기가 싸늘해졌던 기억 등 다양한 상황이 있을 것입니다.

상대가 호의적이지 않은 반응을 보이면 기가 죽게 마련입니다. 이런 일이 계속되면 '저 사람이 날 싫어하나 봐', '다른 사람들하고 말을 잘 못하겠어'라는 생각이 강해집니다.

이럴 때는 싸늘한 반응을 두려워하지 않는 태도, 정확히 말하면 '저 사람이 나를 싫어하나 봐'라는 식으로 생각하지 않는 습관이 나를 지켜줍니다. **즉 상대의 반응에 크게 신경 쓰지 않도록 노력하는 것이 무척 중요합니다.**

대신 상대가 나를 비난할 의도가 없었는데 자신이 그렇게 느끼고 있다면 그것이 어떤 경우인지 생각해볼 필요가 있습니다. 다음 대화를 살펴볼까요?

A 나는 아침에 빵을 먹어.
B 하지만 난 밥을 좋아해.

A 올해 자전거 경주에서는 아랍에미리트가 압승을 거둘 것 같아.
B 그런데 그 나라는 작년에도 강했잖아.

이 대화를 보면 B에게 딱히 상대를 무시하려는 의도가 있다고 할 수는 없습니다. 그런데도 A 입장에서는 '하지만', '그런데'라는 말을 듣는 순간 자신의 의견이 무시당한 듯한 기분이 들죠. **상대에게 무시당한 것 같고, 자신을 싫어하는 듯한 느**

낌이 드는 건 그것이 '사실'이어서가 아니라 내가 '받아들이는 방식'이 원인인 경우가 많습니다.

대화의 기능은 '의미의 연결'과 '감정의 연결' 두 가지로 나눌 수 있습니다. 의미의 연결은 있는 그대로 말의 내용을 전달하는 것이고, 감정의 연결이란 말을 통해 정서적으로 교류하는 것을 의미합니다. 그런데 남의 말에 쉽게 상처받는 사람은 이 두 가지를 잘 구분하지 못하는 경향이 있습니다.

앞에서 예로 든 대화의 핵심은 '나는 빵보다 밥이 좋다', '아랍에미리트는 자전거 경주에서 올해뿐 아니라 작년에도 강했다'입니다. 그리고 이 대화에는 상대방을 무시할 의도가 담겨 있지 않습니다. 단순히 '나는 너와 달리 빵이 아니라 밥을 좋아한다', '나는 작년 자전거 경주 성적도 알고 있다'라는 사실에 기반한 발언일 뿐입니다.

어쩌면 걱정과 달리 '너와 얘기하고 싶어'라는 의사 표현일지도 모릅니다.

이처럼 실제로 무시당하지 않았는데, 자신이 멋대로 그렇게 받아들이는 경우도 많으므로 상대방의 의도를 잘 구분해야 합니다.

사적 영역을 침범하지 않는 대화

'사람들과 이야기하는 게 피곤해.'

'만나면 무슨 말을 해야 할지 모르겠고, 만날 때마다 신경 쓸 것도 많아. 이젠 누굴 만나는 것도 귀찮아.'

'친구의 근황은 SNS로 알 수 있고, 휴일엔 집에서 넷플릭스나 유튜브 동영상만 봐도 되는데 굳이 누군가를 만나서 피곤해지고 싶지 않아.'

이렇게 생각하는 사람도 의외로 많습니다.

누군가를 만나 대화하면 피곤해지는 이유는 뭘까요? 대화하는 것을 피곤해하는 사람에게는 '인격 대 인격'으로 소통하려 한다는 공통점이 있습니다.

대화할 때 상대방과 일대일로 인격을 마주하려고 하면 자신의 개인적 성향을 전면에 드러내야 합니다. 그러면 상대방의 말이 나에 대한 평가나 의견처럼 느껴져 상처를 입기 쉽습니다. 이것이 대화를 나누다가 자기혐오에 빠지거나 자신감을 잃는 이유입니다.

'인격'이라는 말은 '사생활 영역'이나 '개인적 영역'으로 바꿔 말할 수 있습니다. 다른 사람과 대화할 때 피로를 느끼는 이유는 그 사생활 영역을 지키려는 마음이 있기 때문입니다. 더 이상 내 영역에 들어오지 않았으면 하는 것이죠.

그러므로 소통할 때는 상대방의 개인적 영역과 정면으로 마주하지 않는 것이 편합니다. 그러려면 **상대방과 내가 사적인 영역을 배제하고 공통으로 말할 수 있는 '화젯거리'를 만들어야 하죠.**

예를 들어 슬램덩크 세대라면 "영화 〈더 퍼스트 슬램덩크〉 봤어요?"라고 말을 꺼내보는 겁니다. 야구 이야기를 한다면 "오타니 쇼헤이(일본의 야구 선수로 미국 LA 다저스에서 활동하고 있음-옮긴이) 선수 정말 대단하죠"라고 화젯거리를 던져봅니다.

두 사람 모두 알 만한 대상을 매개체 삼아, '슬램덩크 영화에 대한 감상'이나 '오타니 쇼헤이 선수의 활약에 대한 의견'이라는 공통의 이야깃거리를 만드는 것입니다. 그러면 서로의 개인적 영역을 신경 쓰는 게 아니라 편안하게 자신의 의견을 담아 다양한 이야기를 나눌 수 있습니다.

다시 말해 '인격-화젯거리-인격'이라는 삼각 구도를 만들어 사적 영역끼리 마주치지 않도록 하는 것이 원활하게 대화하는 비결입니다. 예를 들어 지금 유행하는 드라마나 영화 이야기는 나와 상대방의 인격과 상관이 없습니다. 그런 이야기부터 시작해 천천히 화제를 넓혀나가면 됩니다.

'인격 - 화젯거리 - 인격'의 구도로
이야기하면 대화가 원활해진다.

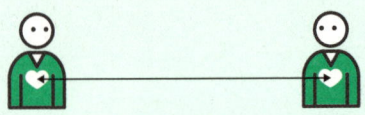

인격으로 마주하면
피곤해진다.

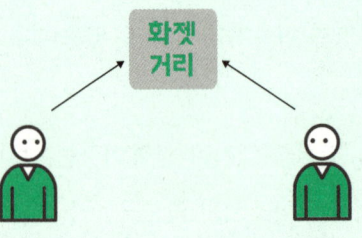

상대와의 사이에 화젯거리가 있으면
피곤해지지 않는다.

이런 사실을 깨닫고 화젯거리를 찾으면 대화가 점점 편안해질 것입니다. 결과적으로 그것이 나를 지키는 길입니다. 그러면 거침없이 다가와서 내 사적인 부분까지 캐묻는 사람을 만나도 '세상에는 이런 사람도 있구나'라고 적당히 모른 척하면서 거리를 둘 줄도 알게 됩니다.

나보다 다른 이를 챙기는 사람

 '대화를 잘하는 사람'이라고 하면 어떤 사람이 떠오르나요? 재미있는 이야기로 분위기를 띄우는 사람이나 자기 생각을 거침없이 말하는 사람일까요? 물론 그런 사람도 맞다고 할 수 있겠지만 정말로 대화를 잘하는 사람은 따로 있습니다.

 저는 교양 예능 프로그램에 종종 출연하는데 녹화에 참여하면서 이야기를 잘 풀어나가는 사람은 두 가지 유형으로 나뉜다는 사실을 알게 되었습니다.

첫 번째는 재미있는 이야기로 분위기를 띄우는 사람이고, 두 번째는 능숙하게 그 자리의 분위기를 화기애애하게 만드는 사람입니다. 이런 사람들은 어떤 자리에서든 대화를 조율하거나 딱히 흥미롭지 않은 화젯거리에도 크게 호응해 분위기를 띄웁니다.

이들은 모두 '자리'를 의식하면서 이야기하는 전문가여서 TV 방송 촬영을 할 때는 두 타입 모두 도움이 될 것입니다. 하지만 일상에서는 후자가 별로 높은 평가를 받지 못하는 것 같습니다.

저는 대화를 잘 이끄는 사람, 호감을 얻는 사람이란 다름 아닌 '다른 이를 챙기는 사람'이 아닐까 생각합니다. '다른 이를 잘 챙기는 사람'은 '나보다 다른 사람에게 눈을 돌릴 수 있는 사람', '내가 말하는 데 집중하기보다 분위기를 신경 쓸 수 있는 사람'을 의미합니다. 이런 사람이 진정으로 대화를 잘하는 사람이라고 할 수 있죠.

이렇게 말하면 다른 이를 챙겨서 내가 얻는 게 뭐냐고 하는 사람도 있을 것입니다. 하지만 이렇게 생각해보세요. 내가 누군가를 챙긴다면 그 사람과 나, 둘 다 마음이 편해질 테고 그러면 좀 더 편안하고 평화로운 일상을 보낼 수 있을 것입니다. 그뿐만이 아닙니다. 그 자리의 분위기를 주도할 수 있고, 상대방의 신뢰도 얻을 수 있습니다.

모임에서 분위기를 좋게 만들려고 노력하거나, 이야기에 잘 끼지 못하는 이를 챙기는 사람은 어느새 사람들의 중심에 서게 됩니다. 실제로 제 수업에서 유독 친구들을 잘 챙기던 한 학생은 취업 준비를 할 때 여러 기업에서 합격 통보를 받았습니다. 직장에서도 마찬가지입니다. 직장 상사에게 고민을 털어놓았는데, 상사가 자기 자랑만 한다면 모두가 그를 꺼릴 것입니다. 인간관계를 원활하게 유지해 사회생활을 잘하고 싶다면 일할 때도 다른 사람을 챙기는 것이 중요합니다.

잡담을 무시하지 말자

직장에서 일과 상관없는 이야기는 절대 하지 않는 사람이 있습니다. 말발이나 성격으로 어필하지 않아도 일만 잘하면 된다고 생각하기 때문이죠. 하지만 꼭 그렇지는 않습니다. 업무와 관련된 대화 외에 취미나 공통의 화젯거리 등 소소한 이야기를 나누다 보면 자연스럽게 친밀한 관계를 맺게 됩니다. 인간관계를 잘 맺어놓으면 급하게 부탁할 일이 있거나 업무를 보다 막히는 부분이 있을 때 도움을 청할 수 있습니다.

결국 잡담이 회사 일이나 업무 성과와도 긴밀하게 연관되는 것입니다. 서로 친하게 지낸다면 상대가 어떻게 생각할까 망설이지 않고 과감하게 새로운 제안을 할 수 있고, 회사에 관련된 남모를 고민을 털어놓을 수도 있겠죠.

세상은 인간관계로 돌아갑니다. 부탁은 마음 편히 이야기할 수 있는 사람에게 하고 싶은 법입니다. 평소 알고 지내는 사람, 기분 좋게 이야기를 나눌 수 있는 사람이 있다는 것은 나의 큰 경쟁력이 되기도 합니다.

업무를 할 때 주고받는 잡담은 누군가와 관계를 맺어도 좋을지 판단하는 '리트머스 시험지' 같은 것이라고도 할 수 있습니다.

영업할 때는 유창하게 말을 잘하는데, 잡담을 나눠보니 사회성이 부족해 보인다거나 느낌이 안 좋아서 '아, 이 사람은 믿을 수 없겠구나', '굳이 개인적으로 알고 지낼 필요는 없겠어'라는 생각이 드는 사람도 있습니다. 1분도 채 걸리지 않는 잡담으로 인성을 파악할 수도 있는 것입니다. 화상 회의가 많아져 잡담을 나눌 기회가 부족한 지금 가장 신경 써야 할 부분이 아닐까 합니다.

> **상대의 호감을 얻는
> 소통의 3대 요소**

'어떻게 해야 센스 있어 보이고 좋은 인상을 남길까?'

우리는 대화를 나누기에 앞서 무슨 말을 하면 좋을지 고민합니다. 그런데 세 가지만 기억하면 상대방에게 긍정적인 인상을 줄 수 있습니다. 이번 장에서는 이 세 가지 요소를 통해 상대방의 호감을 얻고 좋은 관계를 이어나가는 방법을 소개하겠습니다.

① 재미있는 이야기를 하기보다 관심 있는 티 내기

첫 번째는 상대에게 '관심 있다'는 티를 내는 것입니다. 앞서 의미의 연결과 감정의 연결을 설명했습니다. 소통의 기반이 되는 것은 감정의 연결입니다. 상대방이 '이 사람에게는 내 감정이 자연스럽게 전달되네'라고 느낀다면 성공한 겁니다.

누군가를 만나면 일단 방긋 웃어보세요. 상대가 웃으면 따라 웃으세요. 그 사람이 하는 말에 "우아!", "정말요?"라고 반응해보세요. 말하는 사람은 상대의 감정이 움직일 때 자신에게 관심이 있다고 느낍니다. 그러면 딱히 재미있는 이야기를 하지 않더라도 나에게 좋은 인상을 느끼게 됩니다.

대화를 할 때 '재미있는 이야기 없을까?'라며 부담 가질 필요 없습니다. 내 이야기를 하기보다 상대방의 이야기에 귀 기울이고 착실히 반응해주세요. 그러면 좋은 관계를 맺을 수 있습니다.

② 상대의 감정 읽기

A 어제 회사에서 있었던 일인데 (…) 아무튼 과장님은 귀찮은 일은 나만 시켜서 힘들어 죽겠어.

B 과장님도 입장이 있으니까 어쩔 수 없겠지. 그럴 땐 내가 가르쳐준 대로 말하라니까.

A (난 그냥 얘기만 들어달라는 거였는데….)

이런 경우 많지 않나요? 그냥 얘기만 들어줬으면 했는데, 상대가 교과서적인 조언을 해서 불만스러웠던 경우 말이죠. 상대방은 나름대로 친절하게 문제를 해결해주려고 한 건데 뭐가 불만스럽냐고 할지도 모릅니다. 여기서 B는 '의미'를 주고받는 대화를 하고 있습니다. 하지만 과연 B가 A의 '감정'을 이해하고 있을까요?

상호 소통이란 의미를 정확히 전달하는 것만 가리키는 게 아닙니다. 상대방의 표정을 읽고 이 이야기를 계속 듣고 싶어 하는지 아니면 다른 이야기를 듣고 싶어 하는지 상황에 따라 판단하고 결정해야 합니다. 다음에 무슨 이야기를 할지는 상대의 표정에 담겨 있다는 뜻이죠.

상대의 감정을 잘 읽지 못하는 사람은 의미만 가지고 소통하려고 합니다. 다음 대화는 잘못된 소통의 사례입니다.

A 내 말 좀 들어봐. 우리 애가 글쎄 얼마나 바보 같은 일을 저질렀는지 알아?
B 어머, 그렇구나. 진짜 바보네!
A (이럴 때는 아니라고 해줘야 하는 거 아냐?)

"감정을 읽는 게 말이 쉽지 그걸 어떻게 알아요?"라고 말하는 사람도 있겠죠. 대화는 의미를 전달하는 것이 전부가 아닙니다. 앞으로는 상대의 표정을 관찰해보세요. 특히 '그때 잘 얘기하다가 왜 갑자기 어색해졌지?'라는 의문을 가져본 적이 있는 상대라면 더 주의를 기울이세요.

물론 감정만 가지고 소통한다면 말을 잘 못하는 어린아이와 다를 바 없을 것입니다. 자동차 앞뒤 바퀴처럼 의미와 감정을 세트로 생각하는 것이 어른의 소통법입니다.

③ 세 단계에 걸쳐 천천히 다가가기

인간관계에는 거리감도 중요합니다. 아직 그렇게까지 가깝지 않은데 친근하게 굴면 상대방이 불편하게 느낄 수도 있습니다. 여러 단계를 거쳐 상대방에게 조금씩 다가간다고 생각하는 것이 좋습니다.

다른 사람과 관계를 맺는 데는 세 가지 단계를 거칩니다. 첫 번째 단계는 인사입니다. 우리는 "반가워요", "안녕하세요"라고 인사하며 서로를 인식합니다. 아주 당연한 말이지만, 인사야말로 모든 소통의 시작입니다. 인사를 제대로 하지 않으면 관계는 발전하지 않습니다.

두 번째 단계는 잡담입니다. 개개인은 모두 다양한 정보의

집합체입니다. 그리고 대화란 서로가 가진 여러 정보 중에서 접점을 찾아 나누는 것입니다. 그중에서도 잡담은 '자신'을 드러내지 않아도 되는 대화입니다. 잡담에는 딱히 의미가 없기 때문이죠. 날씨, 제철 먹거리에 대한 이야기는 대화라기보다 '교류'에 가깝습니다.

앞서 인격끼리 마주하지 말고 화젯거리를 중심으로 대화하라고 언급했는데, 잡담이야말로 자신을 드러내지 않아도 되는 좋은 대화 형식이라고 할 수 있습니다.

마지막으로 서로에게 좀 더 의미나 가치 있는 화제로 넘어가는 것이 세 번째 단계입니다. 고민 상담 또는 정보 교환 같은 심도 있는 이야기로 넘어가는 것이죠.

이처럼 인간관계에도 육상의 삼단뛰기처럼 '홉, 스텝, 점프' 같은 단계가 있다는 것을 알아두면 상대와의 거리를 가늠할 수 있을 것입니다. 처음 만났을 때부터 친해지지 않더라도 실패한 것이 아닙니다.

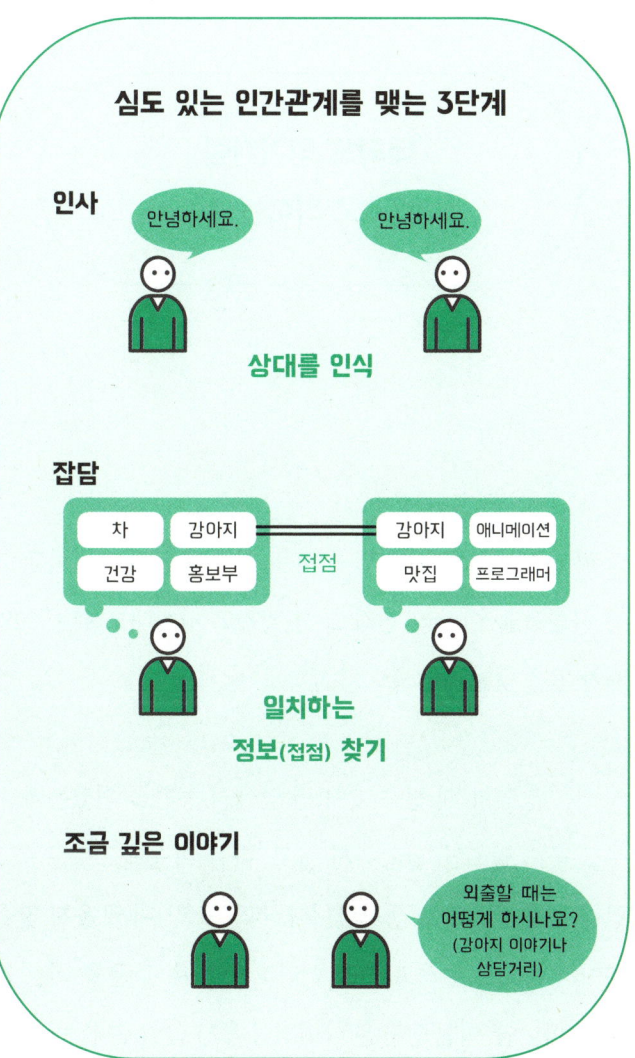

> **대화도 악기처럼
> 배우고 익히는 것**

 세상에는 상처 주는 말을 하는 사람이 있기 마련이고 그런 사람들을 아무리 신경 쓰지 말자고 결심해도 신경 쓰일 때가 있을 것입니다.

 저는 강연할 때 청중 몇백 명 앞에서 농담을 던졌는데 아무도 웃지 않으면, 당황하지 않고 '다들 마음속으로는 웃고 난리 났을걸'이라고 생각합니다. 지금 소리 내서 웃지 않을 뿐이지 속으로는 웃고 있을 거라고 스스로 주문을 거는 것이죠. 아니면 '이번 농담은 타이밍이 좋지 않았구나', '이건 좀 이해하기 어려운 농담이었나 보다'라고 생각하면 마음이 편합니다.

사실 누군가 농담을 던졌는데 웃어주지 않는 건 실례되는 행동일 수 있습니다. 그래서 **저는 "농담을 들으면 살짝 미소를 짓거나 웃어주는 것이 매너랍니다"라고 부드럽게 말하기도 합니다.** 그러면 사람들은 그제야 웃습니다. 이런 식으로 웃을 수밖에 없는 방법을 쓰는 것도 좋습니다.

정신력이 어지간히 강하지 않으면 이 방법이 어려울 수 있지만, 좀 뻔뻔해지거나 신경을 끌 수 있도록 훈련할 필요는 있다고 생각합니다.

살다 보면 싫은 사람, 실례되는 행동을 하는 사람을 만날 수 있습니다. 노골적으로 기분 나쁜 티를 내는 사람도 있습니다. 그럴 때 '와, 이렇게 미숙한 인간도 있구나. 깜짝 놀랐네', '자기가 기분 나쁘다는 걸 이런 식으로 티 내다니, 난 저러지 말아야겠다'라고 긍정적으로 생각하다 보면 그 상황이 불편하지 않을지도 모릅니다.

이 모든 노력에도 불구하고 처음부터 대화할 마음이 없어 보이는 사람에게는 마음속으로 '이번 생에서는 인연이 없나 보네요. 다음 생에 인연이 있다면'이라고 생각하면서 깔끔하게 이별을 고하세요. 그런 사람들과는 억지로 관계를 맺어봤자 좋을 것이 없습니다.

말을 잘 못하는 '성격'이란 없다

지금 사회는 빠른 속도를 중요하게 여깁니다. TV 버라이어티나 뉴스만 봐도 정치인, 유명인, 패널이 제한된 시간 안에 경쟁하듯 빠르게 코멘트를 합니다. 일반 시청자가 출연하는 프로그램에서도 다들 재미있는 말을 빠르게 하죠. 대화할 때뿐 아니라 모든 일상이 빠른 속도에 맞춰져 있습니다. 지하철역 자동 개찰기를 통과할 때, 앞사람이 충전 금액이 부족해 경고음이 울려 걸음을 멈추면 속으로 화가 날 때도 있습니다.

 1950~1960년대에 살았던 사람들이 지금 세상을 보면 "여긴 왜 이렇게 빨라?", "모르는 사람들 앞에서 이야기해야 해?", "이렇게 많은 사람과 메일을 주고받는다고?"라면서 당황할 것 같습니다. 우리는 속도가 빠른 세상에 사는 탓에 늘 서두르고 공백이 생기는 것을 두려워합니다. 그래서 대화할 때도 조금이라도 어색해지면 그 자리가 불편해지고, '나는 말을 잘 못하나 봐'라는 생각을 하게 되는 것입니다.

 하지만 애초에 '대화를 잘 못하는 사람', '말을 잘 못하는 사람'은 없다고 생각합니다.

 저는 오랫동안 교사 지망생을 대상으로 커뮤니케이션 강의를 해왔습니다. 학생 중에는 사람들 앞에서 말하는 것을 어려워하는 사람, 단둘이 이야기하는 것을 꺼리는 사람도 있습니다. 하지만 제 수업을 들은 후에는 하나같이 **"제가 말을 못한다고 생각했는데 의외로 그렇지 않았어요"**라고 말하곤 합니다. 자신이 말을 못한다고 생각했던 건 단순히 지금까지 그런 연습이나 훈련을 하지 않아서일 수 있습니다.

예를 들어 취미로 악기나 운동을 처음 배운다고 생각해 보세요. 배우기 시작할 때는 '못하는데 어떡하지?'라는 마음보다 '처음 해보는데 재미있겠다!'라고 기대하는 마음이 더 크지 않나요? 또 처음에는 좀 못하더라도 크게 걱정하진 않죠. '지금은 처음이라 잘 못하지만 연습하면 잘할 수 있을 거야'라고 서툰 것을 자연스럽게 받아들입니다.

하지만 이상하게도 다른 사람과 이야기 나눌 일이 생기면 '난 말을 잘 못해'라는 선입견을 갖고 자신을 가두고 맙니다. 시작하기도 전에 못한다는 생각에 사로잡혀 있는 것입니다. 하지만 걱정하지 마세요. 커뮤니케이션도 악기나 운동처럼 다루는 방법을 알고 연습하면 실력이 좋아집니다. 그러니 부담 느끼지 말고 마음을 편하게 가지세요.

"나는 말을 잘 못하는 성격이라서…"

"성격상 사람들 앞에 나서는 걸 잘 못해요."

이런 이야기를 자주 하는데, 실제로 말을 잘하고 소통에 능숙한 것은 그 사람의 성격이나 기질과는 크게 상관이 없습니다. 커뮤니케이션은 기술입니다. 따라서 갈고닦으면 누구든 잘할 수 있게 됩니다.

이 책에서 소개하는 내용 중에는 익숙하지 않은 것이 있을지도 모릅니다. 결과가 어떻든, 조금이라도 시도해보고 할 수 있게 되면 스스로를 칭찬해주세요. 익숙해지면 '나도 할 수 있네'라고 생각할 것입니다.

2장

생각이 너무 많은 이들을 위한 대화법

> **대화의 기본은
> '준비하는 자세'다**

 앞에서 사적인 영역을 지키지 않은 채 거침없이 다가오는 사람은 자칫 상대의 반감을 살 수 있다고 이야기했습니다. 실제로 요즘은 다른 사람과 적당히 거리를 두는 사람이 '커뮤니케이션 능력이 있는 사람'이라고 여겨지는 것 같습니다. 상대방에게 부담을 주지 않으면서도 자연스럽게 이야기를 이어나가는 사람이 좋은 인상을 줍니다.

 이런 사람들은 자신이 무슨 이야기를 할지보다 어떻게 하면 분위기를 좋게 만들까 생각합니다. 분위기가 썰렁해지면 화젯거리를 꺼내고, 누군가 말을 하면 적극적으로 반응합니다. 이렇게 한 걸음 더 내딛는 용기가 좋은 관계를 만드는 데 중요한 역할을 합니다.

자연스럽게 대화를 잘 하려면 어떻게 하면 될까요? 앞서 말했듯이 나와 상대방 사이에 화젯거리, 즉 이야기할 만한 '소재'를 두어야 합니다. 여러 사람이 함께 있다면 모두가 흥미를 느낄 만한 것이 좋습니다. 소재만 준비해도 분위기를 이끌 수 있고 좋은 인상을 줄 수 있습니다.

그렇다고 너무 무리할 필요는 없습니다. 재미있는 말을 억지로 짜내지 않아도 됩니다. 그저 자연스럽게 이야기 소재를 제시하고 대화를 이어나갈 수 있으면 됩니다. 이를 위한 작은 팁을 소개하겠습니다.

대화를 나누다가 갑작스럽게 침묵이 찾아올 때가 있죠. 질문을 했는데 동문서답을 한다거나 이야기 흐름에 따라가지 못해 입을 다무는 등, 침묵은 누구도 예상하지 못한 타이밍에 찾아옵니다. 잠깐 정적이 흐르는 것은 괜찮지만, 침묵이 너무 오랫동안 이어지면 다음 대화가 어색해지고 이야기할 의욕이 사라집니다.

이런 순간에 힘을 발휘하는 것은 '재미있는 이야기'가 아니라 '이야깃거리가 될 만한 소재'입니다. 대화가 끊어졌다면 "아, 그러고 보니 ○○○ 말인데요"라면서 미리 두세 가지 정도 준비해둔 가벼운 이야깃거리 중에서 상대의 관심을 끌 만한 것을 꺼내봅시다. 상에 놓인 초밥 여러 개 가운데 상대에 따라 무엇을 먼저 고를지 고민하는 상황을 떠올리면 쉽게 이해할 수 있습니다.

내가 준비한 소재 중 하나 정도는 상대방도 동조하는 것이 있을 것입니다. 그러면 그 이야기로 한동안 대화를 나눌 수 있습니다. 예를 들어 OTT에 대한 이야기를 나눈다고 생각해보세요.

A   요즘 OTT에 완전 빠졌어요.

B   오, 그래요? 뭐 보세요?

A   넷플릭스하고 디즈니하고…. 다른 OTT도 궁금한데, 추천할 만한 게 있나요?

B   애플TV도 의외로 괜찮아요.

A   그래요? 아마존 프라임은 어떤가요?

B   보고 싶은 것이 있으면 나쁘지 않아요. 음악 들을 때는 뭘 이용하시나요? 스포티파이는 요즘….

이런 식으로 공통의 관심사로 시작해 이야기를 펼쳐나갈 수 있습니다.

주의해야 할 점은 소재를 하나 던졌는데 상대방의 반응이 썩 좋지 않다고 포기하면 안 된다는 것입니다. 무슨 이야기에도 크게 반응을 보이지 않던 상대가 뮤지컬 이야기를 꺼내자 눈을 반짝거리며 적극적으로 이야기에 참여하기도 합니다.

상대방이 "아, 저도 그거 좋아해요"라면서 관심을 보이는 소재가 있다면, 그것을 중심으로 대화를 계속해나가세요. 이야기가 끊기면 다음 소재를 꺼내길 반복하면서 이야기를 발전시키는 것입니다.

참고로 저는 대화를 나누면서도 '다음엔 A, B, C 중 어떤 소재를 꺼낼까'하며 마음속으로 몇 가지 이야깃거리를 생각해둡니다. '지금은 A 이야기를 하는 게 낫겠어', '이 얘긴 더 할 수가 없겠네' 판단하면서 소재를 던집니다. 길이 하나밖에 없으면 그 주위만 계속 빙빙 돌게 되고 그러다 상대의 관심이 식으면 거기서 길이 막혀버립니다. 그러므로 이야깃거리는 적어도 두세 개 정도는 준비해두는 게 좋습니다.

상대가 대답하기 편한 질문하기

대화를 시작하려고 할 때 "요즘 어떻게 지내?", "취미가 뭐야?"처럼 막연한 질문을 하는 사람이 있죠. 두루뭉술한 질문이긴 하지만, 사람에 따라서는 왠지 캐묻는 듯한 느낌이 들어 대답하기 곤란해하기도 합니다. 이럴 때도 '소재의 힘'이 유용합니다. 무언가 이야깃거리가 있어야 상대방도 대답하기가 더 쉽습니다.

예를 들면 "요즘 이 유튜브 영상 자주 보는데, 이거 아세요?", "재미있는 유튜브 영상 있나요?" 하는 식으로 유튜브 영상 이야기를 하면 소재가 한정적이라 대답하기 편하고, 사적 영역을 침범하는 내용도 아니어서 상대방이 불편해하지 않습니다. 무엇보다 상대방은 본인이 추천하고 싶은 유튜브 채널이 있으면 알려주면 되고, 그런 채널이 없으면 내가 말한 유튜브 채널 이야기를 하면 되기 때문에 선택권이 있습니다.

자동차 시동을 걸고 출발하기 전에 잠시 엔진을 예열할 시간이 필요하듯, 대화를 나눌 때도 상대방이 대답하기 쉬운 잡담으로 어색한 분위기를 푼 뒤 이야기를 점차 발전시키는 것이 좋습니다.

잡담을 할 때
어떤 질문을 해야
이야기를 더
길게 할 수 있을까?

"요즘 유행하는
이 동영상 봤어?"

or

"요즘 어때?"

언제든지 써먹는 만능 소재

이야기 소재는 딱히 재미있지 않아도 괜찮습니다. 대화가 이어지기만 하면 일단 OK입니다. 술집에 가면 나오는 '기본 안주' 역할이라고 생각하면 됩니다.

그렇지만 막상 이야기 소재를 꺼내려면 잘 떠오르지 않습니다. 당연합니다. 우리는 다른 사람과 관계를 맺으려고 화젯거리를 수집하지는 않으니까요. 내가 생각해둔 이야기 소재도 그저 내 기준에만 괜찮고 남들은 관심이 없을지도 모릅니다. 그러니 언제 어디서나 통할 수 있는 만능 소재를 생각해두어야 합니다.

① 눈앞에 있는 것

눈앞에 있는 것을 소재로 삼으면 이야기하기가 훨씬 쉽습니다. 길을 걷고 있다면 "앗, 이 가게 바뀌었네요", "전에는 무슨 가게였죠?"라고 이야기를 이어가거나, 엘리베이터 안이라면 "이 엘리베이터는 참 느리네요" 하는 식으로 대화를 유도

할 수 있습니다.

② 대화를 나누는 사람들의 공통점

처음 만난 사이이더라도 공통된 일이 있다면 쉽게 이야기를 나눌 수 있습니다. 이벤트에서 만났다면 "이 이벤트는 어떻게 오셨어요?", "티켓 구하는 거, 어렵지 않았나요?" 등 상대와 공통점에 대해 이야기를 해봅니다.

③ 지금 화제가 되는 사회 이슈

챗GPT가 유행할 때 "챗GPT를 사용해봤어요"라고 이야기를 꺼내면 상대는 보통 "어땠어요? 궁금해요!"라는 말을 합니다. 이렇듯 사람들이 관심 가질 만한 화제를 꺼내면 대부분 그 이야기에 귀를 기울입니다.

저는 챗GPT가 유행하기 시작했을 때 챗GPT를 이용해 화젯거리를 늘리는 수업을 한 적이 있습니다. 세상에 새롭게 등장한 것에 대해서는 찬반 의견이 생길 수 있습니다. 알고 나서 사용하지 않거나 조심하는 건 괜찮지만, 처음부터 아예 관심을 두지 않는 건 바람직하지 않습니다. 그래서 당장 사용해보고 이야기를 나눠보는 수업을 생각했던 것입니다.

학생들에게 챗GPT를 사용해본 감상을 발표하게 했습니다. 그랬더니 "챗GPT에 연애 상담을 해봤어요"라거나, 챗GPT가 만든 문장과 자신이 쓴 문장을 보여주고 "A, B, C 중 어떤 것이 AI가 만든 문장일까요"라면서 퀴즈를 내는 학생도 있었습니다. 이런 식으로 새로운 일을 시도해보기만 해도 최근 화제가 되는 이슈를 소재로 재미있게 이야기할 수 있게 됩니다.

중요한 것은 항간에 화제가 되는 이슈를 이야깃거리로 삼으려면 내가 어느 정도는 알고 있어야 한다는 사실입니다. 그러기 위해서는 늘 지적 호기심을 갖고 있어야 합니다. 매사에 관심을 두는 것이 피곤하다고 생각할 수도 있지만, 이런 화젯거리를 알아둔 덕분에 사람들과 능숙하게 이야기 나누는 나의 모습을 상상해보면 동기부여가 되지 않을까요?

챗GPT 같이 기술에 대한 이야기뿐 아니라 화제가 되고 있는 장소나 영화도 사람들이 관심 있어 하는 소재입니다. 그런 점에서 많은 사람들이 관심을 가질 법한 정보를 제공하는 TV 프로그램에서도 이야깃거리를 찾을 수 있습니다.

요즘에는 변화의 속도가 워낙 빠르다 못해 불과 몇 주 만에 유행이 변하기도 합니다. 하지만 잘 살펴보면 예전에 유행했던 것이 다시 유행하는 경우도 많습니다. 유행을 좇는 것이 중요한 게 아니라 상대방이 관심을 가질 법한, 지금 한창 떠오르는 소재나 사회적 화젯거리를 잘 알고 있는지가 중요합니다.

④ 무난한 화젯거리

대화할 때 꺼내지 말아야 할 소재도 있습니다. 종교나 역사 문제, 정치 문제 등은 누군가의 가치판단이 강하게 드러나는 화젯거리이기 때문에 피하는 것이 좋습니다. 게다가 최근에는 사적인 부분도 말하길 꺼리는 사람이 많아 적절한 소재를 찾기 어렵습니다. 이럴 때는 누구나 문제없이 대화할 만한 무난한 소재를 꺼내야 모두가 안심하고 이야기를 나눌 수 있습니다.

예를 들어 '볶음밥은 고슬고슬해야 하는가, 촉촉해야 하는가', '민트 초코파인가, 반反 민트 초코파인가' 같은 것이 그렇습니다. 이런 이야기들은 정답도 없고 쉽게 분위기를 띄울 수 있는 소재이기도 합니다.

'날씨 이야기'도 한몫합니다. 날씨 이야기를 했을 때 상대방의 반응이 내 예상과 잘 맞는지 알아볼 수 있는 시금석 같은 것이기 때문입니다. 날씨 이야기는 진지하거나 무겁지 않은 가장 무난한 화젯거리라 할 수 있습니다. 어쩌면 잡담의 범주에조차 들어가지 않을지도 모르죠.

그런데도 "오늘 참 덥네요", "네, 요즘 더워졌어요"라면서 몇 초라도 이야기를 나누면 상대방이 기분이 좋아 보이는지, 오늘은 서두르고 있는지, 대화를 더 이어나가도 될지 등 서로의 상태와 기분을 알아차릴 수 있게 됩니다.

날씨 이야기는 대화의 시작점이자 "잠시 들어가도 될까요"라고 묻는 노크 같은 역할을 합니다. 이런 이야기조차 나누기 어려운 상대라면 거리를 두는 것이 좋겠죠.

⑤ 소문

소문이라는 단어에는 부정적인 이미지가 있다고 생각할 수 있지만, 사실 소문은 인간의 언어활동에 상당히 중요한 역할을 해왔습니다. 원시시대의 소문은 "어제 이 자리에 동물이 있었어. 그런데 오늘은 없네"라는 식으로 사냥에 관련된 이야기였다고 합니다.

고작 동물 얘기가 어떻게 소문이 되냐며 무시할 수도 있겠지만, 눈앞에 없는 것을 말할 수 있는 언어능력이 훗날 인류의 발전을 촉진했다고 합니다. 우리 선조인 호모사피엔스는 소문을 퍼뜨리는 능력이 뛰어나서 살아남을 수 있었다고 하는군요.

인류의 발전에 소문이 큰 역할을 했다니, 소문이 꼭 그렇게 나쁜 것만은 아닌 듯합니다. 하지만 주변 사람에 대한 험담을 하거나 부정적인 이야기는 피하는 것이 좋겠죠. 이럴 때는 연예계 소식이 도움이 됩니다. 진실이 무엇인지 진지하게 토론하기보다 분위기를 띄울 만한 가벼운 화젯거리로 삼으면 좋을 것 같습니다.

처음 만나는 사람과 대화하기가 어려운 사람은 '말을 잘 못해서'가 아니라 '대화를 할 만한 계기를 찾지 못했을' 뿐입니다. 잡담할 이야깃거리를 준비해놓고 첫 대화의 물꼬만 트면 그 후로는 분위기가 순조롭게 흘러갈 것입니다.

반대로 상대가 화젯거리를 던졌다면 부정적인 반응을 보이지 않도록 주의해야 합니다. "그거 좋은데요?", "재밌네요", "어떤 점을 좋아하시나요?", "그런 것도 있군요" 등 동조하면서 이야기를 펼쳐나가세요. "저도요, 저도요"라며 맞장구치는 것은 누구든 할 수 있는 쉬운 일이고, 그 자리의 분위기를 손쉽게 띄울 수 있는 방법이기도 합니다.

> **"휴일에 뭐 하셨어요?"에는 뭐라고 답할까?**

일상적으로 대화를 나눌 때 "휴일에는 보통 뭐 해?"라고 물어보는 경우가 흔합니다. "딱히 아무것도 안 하는데"라고 대답하는 사람도 있고, 적당히 둘러대는 사람도 있습니다.

하지만 질문하는 사람은 그저 소소한 대화를 하고 싶어서 물을 뿐, 당신의 사생활을 알려고 하는 것이 아닙니다. 크게 의미를 두지 않고 물어보는 경우가 대부분일 것입니다.

이 질문에 '내가 보통 뭘 하더라'라며 진지하게 대답하려

"휴일에는
뭘 하셨나요?"라는
질문을 받으면?

**내가 하고 싶은
말을 한다.**

or

**실제로 휴일에
한 일을 말한다.**

고 하면 바로 생각이 떠오르지 않거나 상대가 흥미를 보일 만한 일을 하는 것은 아니라서 잠시 고민하게 되죠. 이 경우 정답은 '내가 하고 싶은 말을 하는 것'입니다.

지금 빠져 있는 취미에 대해 말하거나 "해외여행을 하고 싶어서 어디가 좋을까 좀 알아봤어요"라는 식으로 그 시기에 본인이 하던 것을 이야기하는 게 좋습니다. 다시 한번 말하지만, 상대방은 당신의 휴일에 대해 알고 싶은 것이 아니라 당신과 함께 즐거운 시간을 보내고 싶어 대화의 실마리를 찾고 있을 뿐입니다. 그러니 그 실마리를 제공해주면 됩니다.

A 휴일에는 보통 뭐 해?
B 딱히… 그냥 청소?

진짜 휴일에 뭘 했는지 말하면 거기서 이야기가 끊길 가능성이 있습니다.

A 휴일에는 보통 뭐 해?

B 이번 휴일에는 일이 있어 못 갔지만, 캠핑을 좋아해서 요즘엔 나 홀로 캠핑을 자주 가곤 해.

이렇게 말하면 캠핑에 대한 이야기를 이어갈 수 있습니다.

A 휴일에는 보통 뭐 해?
B 딱히… 청소나 하지. 너는?

이처럼 적어도 상대에게 공을 다시 건네봅시다.

"요즘 어때?", "취미가 뭐예요?"라고 질문하는 사람도 "휴일에는 보통 뭐 해?"라는 질문할 때와 마찬가지로 이야기의 실마리를 찾는 경우가 많습니다. 상대방은 근황을 이야기하면서 당신과 대화를 나누고 싶을 뿐입니다. 그리고 침묵이 이어지는 것을 피하고 싶어 합니다.

따라서 이런 질문에 답할 때는 "요즘 비싼 카카오로 만든 초콜릿에 빠져 있어", "얼마 전에 산책하다 지하철역 세 정거장 거리를 걸은 거 있죠" 등 이야기의 실마리가 될 만한 화젯거리를 제공합시다.

이때 반드시 재미있게 이야기할 필요는 없습니다. 재미있게 말하는 것은 그걸로 돈을 버는 사람들이 하는 일입니다. 우리는 그저 이야깃거리만 제공해 대화가 이어지도록 하기만 하면 됩니다. 이야깃거리를 제공할 마음이 없어지면 대화는 종료됩니다.

대화할 때 말을 먼저 하는 사람이 중요한 것처럼 보이지만, 사실은 받아치는 사람도 중요한 역할을 합니다.

예전에 요한 크라위프Johan Cruyff라는 네덜란드의 유명 축구 선수가 "팀에는 리더와 그 밖의 선수들이 있는 게 아니라 공을 갖고 있는 사람이 리더다"라고 말한 적이 있습니다. 대화도 마찬가지입니다. 공을 주고받는다고 생각하면 지금 공을 가진 사람이 리더가 되는 것입니다.

원활한 토크를 위한 근황 노트 쓰기

요즘 어떻게 지내냐는 질문에 "별일 없어"라고 대답하는 사람이 있죠. 그러면 대화가 이어지지 않습니다. 주말 뉴스 프로그램에 나오는 '이번 주 사건, 사고' 같은 코너를 떠올리며 지난주에 있었던 일을 이야기해보세요.

특별한 사건이 없었다 해도 "아침마다 간장 계란밥과 참치를 먹었어요" 같은 평범한 이야기를 해도 괜찮습니다. 상대가 관심을 가지면 충분합니다. 하다 보면 익숙해져서 머릿속에 여러 소재가 떠오를 것입니다.

"요즘 어때?"라는 질문에 "진짜 별일 없어요"라고 대답하는 건 상대방과 대화하길 거부하는 것과 마찬가지입니다. 이런 말은 절대로 하지 않도록 주의하세요.

근황과 관련된 이야기 소재를 찾을 때 저는 메모를 활용하길 추천합니다. 양면 중 한쪽에만 줄이 그어져 있는 수첩에 일주일 단위로 근황을 적습니다. 옆에는 그날 본 것에 대한 감상, 했던 일, 갔던 장소 등을 적습니다. 그러면 그 주에 있었던 일을 한눈에 되돌아볼 수 있습니다.

저는 TV 프로그램에 대한 감상을 적기도 합니다. TV를 잘 보지 않는다면 영상, 음악에 대한 감상을 적어도 괜찮습니다. 이렇게 메모하면 빈 페이지가 가득 채워집니다. 근황 토크 소재가 잘 생각나지 않는다면 자신이 한 일을 훑어보면서 찾으면 됩니다.

저는 수업 시간에 학생들에게 "재미있는 것이 아니어도 괜찮으니 이야깃거리가 될 만한 근황을 적어보자"라면서 일주일 단위 근황 노트를 작성하게 합니다. 이 활동을 통해 학생들은 딱히 흥미로운 일은 아니어도 자신의 일상에 이야깃거리가 꽤 많이 숨어 있다는 사실을 깨닫습니다.

제 수업에서는 근황을 적을 때 최대한 한 문장으로 간결하게 적도록 시킵니다. '나에게도 드디어 남자 친구가 생겼다', '열이 나서 병원에 갔더니 감기였다', '아이돌 콘서트에 가서 신나게 놀았다' 하는 식으로 쓰는 것이죠.

이렇게 간결하게 쓰면 길고 장황하게 쓰지 않아도 쉽고 간편하게 이야깃거리를 정리할 수 있습니다.

일주일 동안 있었던 일을 적고 이야깃거리 늘리기

월		ex) 집중해서 일하다가 점심시간 놓침
화		ex) 편의점 신제품 구입해봄
수		ex) 유튜브 OO 채널 동영상 재미있었음
목		ex) 마트에서 할인하는 과자 잔뜩 삼
금		ex) 밤에는 OO 씨 환영 회식
토		ex) 아버지 뵈러 갔다 옴, 혈압이 걱정됨
일		ex) 집 주변 가볍게 달리기

근황 노트 외에도 평소 내가 관심 두고 있는 것을 적어보는 '관심사 발견 지도'도 대화 소재를 늘리는 데 도움이 됩니다. 누군가와 대화할 때, 정작 나 자신은 어떤 내용의 이야기를 잘할 수 있는지 모르는 경우도 있습니다. 이런 표에 자신의 관심사를 적으면 정보를 한눈에 볼 수 있고 이야깃거리도 많아집니다.

다음 표를 참고해 20개 적어봅시다.

관심사 발견 지도

① 맛집 탐방	② 카페 탐방	③ 애프터눈 티	④ 편의점 아이스크림
⑤ SF 소설	⑥ 영어 공부	⑦	⑧
⑨	⑩	⑪	⑫
⑬	⑭	⑮	⑯
⑰	⑱	⑲	⑳

수업 시간에 이런 활동을 했더니 20칸에 모두 마작 용어를 써넣은 학생도 있었습니다. 나름 신선했지만 마작을 모르는 사람과는 대화할 수 없겠죠. 이런 활동을 다른 사람과 함께 한다면 서로의 표를 보여주면서 공통점을 찾아보고 그것에 대해 대화를 나눠보세요. 접점을 찾으면 처음 만난 사람과도 즐겁게 대화할 수 있다는 사실을 알게 될 것입니다.

> **'모른다'는 말은
> 때로 폭력적이다**

대화하다 어디선가 들어봤지만 잘 모르는 화젯거리가 나오면 틀린 말을 하면 안 된다는 생각에 "몰라요"라고 대답하는 경우가 있습니다. 상대방을 지나치게 배려하거나 자신감이 없을 때 무심코 나오는 말이죠.

하지만 상대방과의 소통이라는 관점에서 이것은 결코 해서는 안 되는 말입니다. 다소 심하게 표현하면 폭력적이라고도 할 수 있습니다. '당신과 더 이상 대화하고 싶지 않다'라는 의사 표시로 받아들여지기 때문입니다.

"정말 몰라서 그런 건데 왜 안 되죠?"라고 물을지도 모르겠군요. **상대방과 소통하고 싶다면 뭐든 솔직하게 말하는 것이 능사는 아닙니다.** 모른다고 해도 "아, 이름은 들어본 적이 있어요"라고 대답하면 상대방은 "그렇군요, 그게 뭐냐면요"라며 대화를 계속할 수 있습니다.

하지만 "몰라요"라고 말하면 상대가 더 이상 이야기를 이어나갈 수 없죠. "어디선가 들어본 것 같기도 해요"라고 말한다면 상대방은 내용을 설명해줄 것입니다.

그 밖에도 "아, 혹시 ○○인가요?", "들어본 적은 있는데 해본 적은 없어요" 등 "몰라요"를 대체할 수 있는 대답은 얼마든지 있습니다.

접점을 찾는 상대방에게 "몰라요"라고 말하는 건 악수하려고 내민 손을 뿌리치거나 그 자리에서 도망쳐버리는 것과 같습니다. 북미나 유럽에서는 손을 내밀면 반드시 악수를 해야 합니다. 악수는 상대방과의 신뢰 관계를 쌓는, 소통에서

내가 모르는
이야기가 나오면
어떻게 대답해야 할까?

**어렴풋이 들어본 적
있는 것 같아서
"들어본 적 있는 것 같아"라고 말한다.**

or

**어렴풋이 들어본 적이 있지만
아는 척하기 싫어서
"몰라"라고 말한다.**

중요한 역할을 하는 기본 요소입니다. 정상회담을 보면 양국의 정상이 반드시 악수를 하죠. 거기서 악수를 거부하면 어떻게 될지 상상해보세요.

"몰라요"라고 말하는 것은 그처럼 중요한 행위를 무심코 뿌리치는 셈입니다. "몰라, 관심 없어"라고 무관심한 태도를 보이는 것은 상대에게 폭력적인 행위입니다. 적어도 "몰랐는데 재미있겠네요"라고 관심을 나타내는 것이 좋습니다.

최소한 검색을 해보는 성실함

잘 모르는 화젯거리가 나올 때가 곧 스마트폰을 활용할 좋은 기회입니다. "그게 뭐죠? 한번 검색해볼게요"라고 말하며 바로 스마트폰을 꺼내세요.

예를 들어 잘 모르는 야구 이야기가 나왔다면 이렇게 물어보세요.

"야구가 그렇게 재미있어요?"

"응원하는 팀이 어디예요?"

"좋아하는 선수가 있나요?"

그리고 "잠깐 스마트폰으로 찾아볼게요"라며 그 선수를 검색해봅니다. 그러면 검색 결과에 따라 "아, 이런 걸 잘하는 선수군요", "이런 기록을 세웠군요"라고 정보에 맞게 이야기를 이어나갈 수 있습니다. 상대방도 자신의 이야기에 맞춰준다는 생각에 기분이 좋아질 것입니다.

소통이 어렵게 느껴지거나 이야기 소재가 하나밖에 없을 때도 활용할 수 있는 방법입니다. 모르는 것이 있으면 그 자리에서 배워도 좋습니다. "그건 대체 어떤 느낌인가요?", "어디선가 들어본 적은 있긴 한데, 뭐죠?"라고 물어서 상대방의 이야기를 유도하는 것입니다.

예를 들어 금융 관련 일을 하는 제 지인에게 "투자는 어떤가요? 역시 위험하겠죠? 암호 화폐에는 투자하지 않는 편이 좋을까요?"라고 물어보면, 그 사람은 마치 스위치가 켜진 듯 다양한 투자 지식을 알려줍니다.

특히 전문 지식이 있는 사람은 관련된 소재를 꺼내기만 해도 끊임없이 이야기하는 경우가 많습니다. 한두 시간은 우스울 정도로 그 주제로 이야기를 계속 해서 감탄스러울 때도 있습니다(하지만 그렇게까지 자세히 알고 싶지 않으면 적당히 끊어줍시다). 전문 분야에 대한 이야기를 꺼내면 상대방은 자신의 지식을 가르쳐주는 기쁨을 느끼고, 듣는 사람은 모르는 것을 배울 수 있으니 공부가 됩니다.

전문적인 정보는 강물처럼 높은 곳에서 낮은 곳으로 흐르는 법입니다. 상대방에게 전문 지식이 있다면 공부한다고 생각하고 물어보는 것이 좋습니다. 그러면 교양의 폭이 넓어집니다. 배운다는 마음을 갖고 있으면 소통의 힘도 커지고 지식도 늘어납니다.

자신 없는 분야 칭찬하기

화젯거리의 폭은 그 사람이 갖춘 지식의 깊이와도 관계가 있습니다. 어떤 화젯거리든 따라갈 수 있는 사람은 지식이 풍부한 사람이기도 합니다.

그러면 빠르게 이야깃거리를 늘리는 방법을 소개하겠습니다. 이야기할 수 없는 소재는 편견 때문에 먹지 않는 음식과도 같습니다. 편식을 방지하기 위해 제 수업에서는 본인이 싫어하거나 자신 없는 분야를 일부러 칭찬하는 연습을 시킵니다. 처음에는 하기 싫어하는 학생도 있었지만, 일단 칭찬하는 역할을 맡으면 의외로 잘할 수 있게 됩니다.

실제로 칭찬해보면 이상하게도 그 분야를 다시 생각하게 되고, 의외의 면을 발견하기도 합니다. 칭찬을 통해 인식이 변하는 것입니다. "싫어, 난 못해"라며 완고하게 거부하던 마음이 칭찬하는 행위를 통해 "생각보다 괜찮은데?", "오히려 관심이 생겼어"라는 식으로 부드러워집니다.

저도 학생들에게 K팝 가수에 대해 배운 적이 있습니다. 처음에는 관심이 없었지만 유튜브에서 곡을 찾아 들어보니 의외로 괜찮더군요. 이후 종종 찾아 듣다 보니 음악 취향의 폭이 넓어졌습니다.

이런 식으로 분야 편식을 없애나가면 취미나 전문적인 화제가 나와도 곤란하지 않습니다. 알고 있는 단어를 사용해 "그거, 이런 거 말하는 거죠?"라고 대답해보세요. 그러면 상대방은 "아, 알고 계시는군요"라며 대화를 이어갈 것입니다.

조금 불안하다면 "잘 모르겠지만 그것이 맞나요?"라고만 해도 됩니다. 상대방은 안심하고 이야기를 계속할 것입니다. 그 사람도 '이 이야기를 저 사람이 알아줄까?'라고 걱정하면서 말하고 있을 테니까요. 단어 한두 개라도 좋습니다. "전혀 몰라요"라고 대답하는 것과 알고 있는 것을 하나라도 대답하는 것에는 매우 큰 차이가 있습니다. 앞으로 펼쳐질 스토리가 완전히 달라질 것입니다.

웬만큼만 알아도 말이 통한다

'모른다'라고 대답하는 것을 방지하기 위해서는 관심 분야를 조금이라도 넓히는 것이 좋습니다. 관심 분야를 넓히는 데는 스마트폰만 한 것이 없습니다. 물론 전문적으로 파고들지 않아도 됩니다. '웬만큼 아는' 정도로도 괜찮습니다. 제가 커뮤니케이션 수업 시간에 자주 하는 활동이 있습니다.

- 3분 동안 스마트폰을 사용해 세계사에서 흥미로운 토픽 찾기
- 10분 동안 스마트폰으로 모르는 단어를 조사하고 그것에 대해 이야기 나누기

예를 들어 세계사의 경우 '중국 은나라에서는 모든 것을 점괘로 결정했다고 한다. 하지만 왕은 자신이 원하는 결과가 나올 때까지 계속 점을 봤다', '로마의 폭군 네로 황제는 관심을 갈구했던 사람이라 궁전에서 자신의 독창회를 열었다고 한다' 등 조금만 조사해도 다양한 정보가 나옵니다. 이런 이

야기를 할 수 있으면 지적으로 보이겠죠.

스마트폰을 통해 깊이 있는 지식을 편하게 얻을 수도 있습니다. 예를 들어 AI에 대해 10분만 조사하면 개요와 사용법, AI 관련 유망 기업 등에 대해 알 수 있습니다. 이 정도만 해도 사전 지식이 전혀 없는 사람보다 다양한 지식을 갖추게 됩니다.

이제 스마트폰은 생활필수품이 되었죠. 친구들과 SNS로 수다를 떠는 것도 좋지만, 관심 영역을 넓히는 일에 시간을 들이는 건 어떨까요? 조금만 조사해도 지적인 대화를 즐길 수 있으니 꼭 시도해보길 바랍니다.

> **내 얘기보다
> 상대방과의 접점 찾기**

회사에 들어가거나 새 학기가 되어 자기소개를 할 때 어떤 이야기를 주로 하나요?

대부분은 자신의 이력을 이야기할 것입니다. 자기소개니까 당연한 것 아니냐고 물을 수도 있습니다. 맞는 말이지만, 인간관계를 잘 맺는 사람은 거기서부터 차이가 납니다. 자기소개의 원칙은 '내 이력 이야기하기'가 아니라 '상대방과의 접점을 찾을 수 있는 이야깃거리 던지기'라는 걸 기억하세요.

예를 들어 이렇게 자기소개를 할 수 있습니다.

"저는 지금 이런 회사에서 이런 일을 하고 있습니다."
"저는 ○○ 학교 출신이고 이런 것을 공부하고 있습니다."

무난하긴 하지만, 이력은 최소한으로 소개하고 상대방이 관심을 가질 만한 이야기를 덧붙여봅시다.

"라멘을 좋아해서 라멘 맛집은 다 가봤습니다. 맛있는 라멘이 먹고 싶으면 제게 말해주세요."
"최근에 고양이를 기르기 시작했어요. 덕분에 집에 가면 힐링됩니다."
"스모부에서 4년 동안 요리를 담당했습니다. 여러분께도 한번 만들어드리고 싶어요."

사람은 좋아하는 것, 관심이 있는 것에서 공통점을 찾으면 그것만으로도 대화에 활기가 생깁니다. 예를 들어 골프를 좋아하는 사람들이 모인 곳에서는 골프 이야기로 다 같이 즐겁게

자기소개를 한다면
어떤 이야기를
하는 게 좋을까?

"저는 라멘을 좋아하니까
회사 근처에 맛있는
라멘 집이 있다면 알려주세요."

or

"대학에선 사학을 전공했고,
에도 문화에 대한
논문을 썼습니다."

대화할 수 있고, 같은 드라마를 좋아한다면 매주 그 드라마 이야기로 대화할 수 있겠죠. '미니 동호회' 같은 모임을 만들 수 있을 만한 이야깃거리를 던져보세요. 그러면 그 이야기를 중심으로 인간관계를 만들어나갈 수 있습니다.

이야깃거리를 꺼낼 때는 상황과 상대를 보고 선택합니다. "개를 키우고 있어요"와 같은 반려동물 이야기는 일반적으로 활용하기 좋은 소재입니다. 이 이야기를 꺼내면 그 자리에 있는 사람 중 반 정도는 관심을 보일지 모릅니다. 요즘에는 자녀를 키우는 사람보다 반려동물을 키우는 사람이 더 많다고 하니까요.

업무에 대해서는 "AI를 사용하고 있는데…", "재택근무를 하고 있거든요" 등 사회적으로 화제가 되는 이야기를 꺼내면 반응이 좋을 것입니다.

회사라면 "최근 편의점에서 맛있는 음식 찾는 데 빠져 있어요", "넷플릭스 그 드라마 보셨어요?" 등 친근감을 느낄 만한 이야깃거리를 꺼내면 삼분의 일 정도는 반응할 겁니다. 아니면 "오타니 선수를 응원하고 있어요"라고 지금 화제를 모으고 있는 인물에 대한 이야기를 해도 반응이 좋을 겁니다.

> **말문이 막히는
> 심리적 이유**

여럿이 함께하는 자리에서 말을 잘하는 사람이 있으면 자연스럽게 듣는 역할을 하게 되죠. 자칫하면 이야기할 기회도 갖지 못한 채 모임이 끝날 때도 있습니다. 이럴 때는 어색하더라도 이야기에 참여하는 것을 추천합니다. '자기 이야기를 안 하는 쿨한 사람'으로 보이길 바라겠지만, 실제로는 '무슨 생각을 하는지 알 수 없는 사람'으로 비칠 가능성이 높기 때문입니다.

이야기하기를 힘들어하는 사람에게는 몇 가지 심리적인

무리에서 말을 잘하는
사람이 있다면
어떻게 행동할까?

**가능한 범위 내에서
이야기에 참여한다.**

or

**잘하는 사람이 있으니
난 조용히 있는다.**

이유가 있습니다.

첫 번째는 내 이야기는 재미없으니까 해봤자 아무 소용이 없을 거라는 선입견이 있다는 점입니다. 무슨 이야기를 하든 사람들이 좋아하지 않을 것이라는 부정적 감정이 있거나 자신의 이야기로 다른 사람을 즐겁게 했던 경험이 적은 경우입니다. 말할 의욕이 없는 상태라고 할 수 있죠.

이럴 때는 일단 짧게 이야기해봅시다. **15초짜리 광고라고 생각하고 말하면 내용이 짧으니 말하는 사람도 듣는 사람도 부담이 적습니다.** 누군가 내 이야기에 한마디라도 대답해준다면 성공입니다.

두 번째는 나와 주변 사람들의 가치관이 맞지 않아 이야기할 필요성을 느끼지 못하는 경우입니다. 기껏 이야기를 꺼냈는데 아무도 관심을 보이지 않아 본인과 주변 사람들의 시각이 좀 다른 듯하다고 생각하고 거리를 두는 것입니다.

하지만 세상 모든 사람과 가치관이 맞을 수는 없습니다. 이럴 때는 즐겁게 이야기를 나눌 수 있는 사람하고만 대화해도 됩니다. 자신감이 없을 때는 그것만으로도 괜찮습니다. 그리고 기분이 좋을 때 가치관이 안 맞는다고 생각한 사람의 이야기도 들어봅니다. 그러다 보면 상대방도 당신의 말에 귀를 기울여줄지 모릅니다.

세 번째는 '비밀주의자'인 경우입니다. 나에 대해 이야기하면 상대방이 내 영역을 침범하는 것 같아서 싫다고 생각하는 것입니다.

하지만 일상적인 대화에서 깊은 이야기까지 하길 바라는 사람은 없습니다. 오히려 처음부터 갑자기 속 깊은 이야기를 하면 상대방이 당황합니다. 누구에게나 말하고 싶지 않은 것이 있고 그 내용도 사람에 따라 다릅니다.

즉 남에게 말하고 싶지 않은 것은 피하고, 무난한 이야기를 하면 됩니다. 이야기하고 싶지 않은 과거가 있다거나 비밀이 있다면 단단히 열쇠로 잠그고 무덤까지 가져갑시다. 아니면 '이 사람에게는 여기까지 이야기해도 괜찮겠지'라는 식으로 상대에 따라 말하는 내용의 범위를 달리해도 좋습니다.

'말해도 되는' 이야기를 먼저 꺼내라

최근에는 어느 정도 거리를 두고 대화하는 사람이 늘어난 것 같습니다. 그런데 이런 거리 두기 대화로는 상대방과 가까워지기 어렵습니다. 이럴 때는 처음부터 '말해도 되는 화젯거리'를 꺼내는 것을 추천합니다. 그러면 상대방도 '아, 거기까지는 물어봐도 되는 거구나'라고 안심하면서 대화할 수 있을 것입니다.

예를 들어 "최근에는 시리얼에 푹 빠져서 매일 아침 먹고 있어"라는 이야기를 꺼내면 상대방은 '식생활이나 건강 이야기는 괜찮은가 보구나'라고 가늠할 것입니다.

저는 예전에 자동차 운전면허 필기시험에 떨어진 적이 있는데, 그 얘기를 어디에서든 가벼운 화젯거리로 자주 꺼내곤 합니다. 그런데 운전면허 필기시험은 떨어지는 사람이 드물기 때문에 사람에 따라서는 '절대로 밝히고 싶지 않은 실패담'일 수도 있습니다.

어떤 사람이 제게 이렇게 말하더군요.

"선생님, 사실은 저도 운전면허 필기시험에 떨어졌어요. 지금껏 마음에 걸렸는데, 선생님이 그렇게 말씀해주시니 마음이 편해지네요. 앞으로는 저도 말하고 다니려고요."

이렇듯 말해도 괜찮은 실패담을 털어놓으면 "사실은 저도요", "저도 그래요"라고 말해 분위기가 좋아질 때가 있습니다.

소통이라는 넓은 바다에 모르는 사람들끼리 빠졌다면, 익사하지 않기 위해 '붙잡을 섬'이 필요합니다. 아니면 무언의 바닷속으로 가라앉고 말 테니까요. 섬이 세 개 정도만 있으면 도중에 이야기가 끊기더라도 어떻게 해서든 대화가 이어집니다. 그래서 내가 먼저 '이야기해도 되는 것'을 꺼내는 것이 중요합니다.

단, 주의해야 할 점이 있습니다. 때로는 별로 듣고 싶지 않은 이야기까지 하는 사람이 있다는 것입니다. '그건 아무도 안 물어봤는데'라고 나도 모르게 얼굴을 찌푸리게 되는 경우죠. 커뮤니케이션이란 상대방을 접대하는 일이기 때문에 그에 걸맞게 적절한 화제를 선택하는 것이 좋습니다.

> **대화가 끊이지 않는
> '생각났는데' 화법**

 이야기 이어나가는 것을 어려워하는 분을 위해 바로 활용할 수 있는 기술을 소개하겠습니다. 상대의 이야기에서 키워드를 하나 골라 '~하니 생각났는데'로 이야기를 이어나가는 방법입니다. 이름하여 '생각났는데' 화법입니다.

 대화하고 있을 때 "갑자기 다른 이야기이긴 한데요"라고 이야기의 흐름을 바꾸는 사람이 있죠. 타이밍에 따라서는 앞사람의 발언을 무시하는 것처럼 느껴질 때도 있고, 당돌한 사람이라는 인상을 주기도 합니다.

그러기보다 **상대방의 이야기 가운데 키워드를 하나 골라서 "그 얘기 하니 생각났는데"라면서 대화의 방향을 조금만 틀면 얼마든지 이야기를 이어나갈 수 있습니다.**

제 수업에서는 세 명씩 팀을 짜게 한 뒤, 앞사람이 이야기한 30초 분량의 이야기에 등장한 키워드를 골라 "그 얘기 하니 생각났는데"라고 말하며 대화를 이어가는 연습을 하게 했습니다. 이것을 반복하면서 대화가 끊기지 않도록 했습니다. 말만 연결되면 의미의 연결은 조금 빗나가도 괜찮습니다. 포인트는 '방향을 조금 트는 것'입니다.

"오타니 쇼헤이, 얼마 전에 결혼했죠."
"오타니 쇼헤이 하니 생각났는데, 남성 화장품 CF에도 나오지 않나요?"
"화장품 CF 하니 생각났는데, 시세이도 CF에 나오는 배우, ○○○로 바뀌었더라고요."
"○○○는 최근 △△라는 드라마에 나왔죠. 진짜 재밌더라고요."

이런 식으로 대화의 방향이 조금 틀어지더라도 이야기가 이어집니다.

만약 방향을 틀지 않는다면 이렇게 됩니다.

"오타니 쇼헤이, 얼마 전에 결혼했죠."
"오타니 쇼헤이, 다저스에서 잘 활약할까요?"
"다저스는 야마모토 유신 선수도 기대돼요."
"야마모토 선수는 이번 시즌에 어떻게 될까요?"
"오타니 선수도 활약할 수 있을 것 같네요."

이야기의 방향이 점점 다저스 쪽으로 좁혀지면서 대화가 막히게 됩니다.

사실 '생각났는데' 화법은 소재를 미리 준비할 수 없는 데다 앞사람의 이야기에 따라 말하는 내용이 달라져야 한다는 점에서 사용하기 쉽지 않은 방법입니다.

그런 어려운 기술을 본인이 잘 활용할 수 있을지 불안해하기도 하지만, 막상 시작해보면 누구든 할 수 있습니다. 무슨 소재가 나오든 이야기를 연결해나갈 수 있으니 실제로 해보고 놀라는 학생도 많았습니다.

또 '생각났는데' 화법은 '다른 얘긴데요'와 달리 말하고 있던 사람을 존중하는 방법이기도 합니다. 이 방법은 서비스직 종사자들도 실천하고 있습니다. 유명 미용사나 고급 호텔의 프런트 직원은 고객과 아주 능숙하게 대화하죠. 기회가 있다면 그들의 대화 스킬을 귀 기울여 잘 들어보길 바랍니다.

> **'10초 잡담'과 '담백한 칭찬'**

    요즘은 어디를 가든 바쁜 사람이 많습니다. 그러다 보니 가볍게 대화 나눌 시간이 부족해 사람들과의 관계를 어색하게 느끼는 사람도 있습니다. 그렇다고 회식이나 점심 식사 자리를 마련하려고 하면 그런 일에 시간과 돈을 빼앗기고 싶지 않다고 생각하는 사람도 많을 것입니다.

    그럴 때는 '10초 잡담'을 시도해보세요. 바쁜 와중에도 한두 마디 대화를 빠르게 나누면서 인간관계를 유지하는 것입니다. 예를 들면 이렇게 이야기해보세요.

(만나자마자)

A ○○ 씨, 회의에서 아까 그 발언, 좋았어요.

B 고마워요.

A 많이 배웠어요. 그럼 또 봐요.

A 안녕하세요. 오늘 정말 춥네요.

B 너무 춥네요. 올해 처음으로 장갑을 꺼냈어요.

A 저도 이제 끼어야겠네요.

이 정도 이야기만 나누어도 인간관계가 달라집니다. 무난한 이야기를 하면서 **마치 난방을 켜듯 그 사람과의 관계의 온도를 천천히 데워놓으면 나중에 중요한 이야기도 한결 수월하게 할 수 있습니다.** 5~10초간 나누는 잡담이니 내용은 뭐든 상관없습니다.

우선 편안한 마음으로 말을 걸어보세요. 택시나 미용실에서 대화할 소재가 없어 어색하게 느끼는 사람도 이 방법은 사용할 수 있을 것입니다.

화려한 말보다 솔직한 진심을

다른 뜻 없이 순수하게 칭찬하고 싶을 땐 어떻게 하면 좋을까요? 많이 고민할 것 없이 무심하게 물건을 건네는 느낌으로 "느낌 좋은데요?"라고 짧게 말해보세요. 짤막하게 툭 던지면 담백하게 칭찬할 수 있습니다.

칭찬은 생각이 떠올랐을 때 바로 하는 것이 좋습니다. 누군가 분위기 좋은 가게에 데려갔다면 들어가자마자 "좋은데요? 딱 요즘 느낌이에요", "예쁜 가게네요"라고 말하는 것입니다. 괜히 성의 있어 보이려고 "여기 인테리어는 1920년대 스타일이네요"라는 식으로 힘들게 칭찬하지 않아도 됩니다.

중요한 것은 감정을 솔직히 드러내는 것입니다. 사람은 흑심이 있는 행동과 말투에 민감하게 반응합니다. 누군가 의미 없이 칭찬하는 것 같으면 '뭔가 사라고 하는 거 아닌가?', '꿍꿍이가 있는 게 아닌가?'라고 불안해하죠.

상대방이 그런 생각을 하지 않도록 하려면 처음에 "와!"라고 감탄하는 것이 중요합니다.

"와, 멋지네요"라는 식으로 감탄사가 들어가면 미리 준비한 발언이 아니라 지금 이 자리에서 자연스럽게 말한 듯한 느낌을 줄 수 있습니다. 그 자리에서 느낀 것은 곧바로 짧게 말로 표현해서 칭찬하세요. 그러면 부담스럽지 않은 깔끔한 칭찬이 됩니다.

저는 가끔 TV에서 맛집 리뷰를 하는데, 거기서도 맛을 분석하기보다 한입 먹었을 때 느낀 것을 바로 말하곤 합니다. 기본적으로 '~해서 맛있다'라는 표현을 자주 씁니다. "와, 쫄깃쫄깃해서 맛있네요"라든가 "깔끔해서 맛있네요"라는 식입니다.

"먹어보니 꽤 든든하네요"라고 하면 좋은 건지 나쁜 건지 모호하게 느껴질 테니까요. 그럴 바에는 그 문장에 '맛있다'를 붙여서 "든든하고 맛있네요"라고 합니다. 주저하지 말고 산뜻하고 짤막하게 정리하는 것이 좋습니다.

담백하게 칭찬하려면
어떻게 말하는 게
좋을까?

"와, 예쁘네요!"라고 생각한 것을
바로 입 밖으로 꺼낸다.

or

전문용어를 사용해
칭찬한다.

> **나이 차이를
> 극복하는 대화법**

 나이 차이가 크게 나는 사람과 대화하기를 어려워하는 사람도 있죠. 특히 나이 많은 분을 상대하려면 실례가 되지 않을까 지나치게 긴장하느라 피곤할 때도 있어서 대화하는 것조차 부담으로 다가오기도 합니다.

 우선 나이 많은 분과 대화하려면 존댓말을 쓰는 것이 포인트입니다. 어디까지 어떻게 존댓말을 써야 할지 몰라서 어렵다고 생각하는 사람도 있겠지만, 존댓말은 생각보다 장점이 더 많은 표현입니다. 옛사람들이 편지에 적듯 "기체후일향

만강氣體候一向萬康('기력과 건강은 내내 좋으시겠지요?'라는 뜻- 옮긴이)하옵시고"나 "많은 지도 편달 부탁드립니다"처럼 평소에 쓰지 않는 말을 하라는 게 아니라 "그렇네요. 말씀하신 것이 맞아요", "그렇군요", "맞습니다"라며 살짝 놀라면서 맞장구를 치면 상대방을 존중한다는 의사가 전달됩니다.

내가 대화하는 상대방보다 나이가 많은 경우에는 굳이 그들의 감각에 맞추려 애쓰지 않아도 됩니다. 요즘 유행하는 말을 쓰면서 거리낌 없이 대화하고 싶은 마음은 이해하지만, 무리해서 어설프게 맞추려고 하면 나이 어린 사람 입장에서는 오히려 어색할 수 있습니다.

저는 오랜 세월 대학에서 학생들을 가르치고 있는 만큼 지금 젊은 사람들의 감각을 비교적 잘 따라가고 있다고 생각합니다. 하지만 그렇다고 해서 젊은 사람들의 행동을 모두 흉내 낼 수 있는 건 아닙니다. 사실 젊은 사람들이 자주 쓰는 말을 사용하는 건 거부감이 듭니다. 나도 모르게 전염되어 쓰는 말도 있긴 하지만, 억지로 맞추려 하지 않고, 그렇다고 무시하려고도 하지 않고 자연스럽게 대응하는 것이 좋지 않을까 생각합니다.

본인이 나이 많은 남성이라면 상대방 나이에 상관없이 정중한 말을 사용하는 것이 좋습니다. 이름을 부를 때는 이름 뒤에 '○○ 씨'처럼 '씨'를 붙여서 부르는 것을 추천합니다. 특히 여성에게는 기본적으로 정중한 말투를 쓰는 것이 좋습니다.

관리직 남성 중에는 젊은 부하에게도 '○○ 씨'라고 부르면서 은연중에 드러날 수 있는 권위주의나 거만한 태도를 자제하려고 노력하는 사람도 있습니다.

월드컵에서 해설을 맡았던 일본의 축구 선수 혼다 게이스케가 '미토마 씨', '도안 씨'라며 어린 후배 선수들에게 '씨'를 붙이면서 해설해 화제가 된 적이 있죠. 나이와 상관없이 '씨'를 붙여 존중하는 모습에 호감을 느낀 사람도 많을 것입니다.

나이 차이가
많은 사람과
어떻게 대화해야 할까?

**연상이
연하에게 맞춘다.**

or

**연하가
연상에게 맞춘다.**

반대로 자신이 연하인 경우에는 다소 무리를 하더라도 상대방에게 맞추는 편이 좋습니다. 그렇다고 윗세대에 대해 자세히 조사해서 이야기하라는 건 아닙니다. 상대가 6070 세대라면 "그때는 어땠나요? 거품 경제 때 정말 경기가 좋았나요?"라는 식으로 자연스럽게 화젯거리를 상대방에게 맞추는 것이죠.

노래방에 갈 기회가 있다면 그 시절 노래를 입력해보세요. 나이 많은 분을 배려한다는 느낌이 들어 좋은 인상을 줄 수 있습니다. "○○ 씨도 가사기 시즈코(1940년대에 활동했던 가수-옮긴이)의 노래를 듣고 자랐나요?"라고 말을 걸었는데, "아니, 전혀 다른 세대야"라는 대답을 듣더라도 빗나간 예측이 재미있어서 대화가 이어질 것입니다.

만약 윗세대가 젊은 세대에게 맞추려고 이런 행동을 하면 젊은 세대는 자신들의 영역이 침범당했다는 생각에 불쾌함을 느낄 수 있습니다. 하지만 젊은 세대가 윗세대에게 맞추는 건 배려라고 느낄 수 있습니다.

> **때로는 적절히
> 끊는 것이 중요하다**

친절한 사람일수록 다른 사람의 이야기를 중간에 끊지 못해 대화가 예상보다 길어지곤 합니다. 소중한 시간을 허비하지 않도록 어떻게든 이야기를 잘 마무리 짓고 싶을 때가 있습니다.

잡담을 끝내는 좋은 방법은 조금 큰 목소리로 상대에게 동조하는 것입니다. '…그렇죠. 그런 일 많죠~'라는 식으로 '죠~'를 큰 목소리로 길게 말하면서 동조하고 '그럼, 이만'이라는 느낌으로 끝내는 것입니다.

상대의 말을 멈추고 이야기를 끝내려면 일단은 동조해야 합니다. 그렇게 해야 좋은 인상을 남길 수 있습니다. 이때 시간 여유를 너무 많이 두면 다음 화제로 넘어가기 때문에 대화를 끝맺을 수 없습니다.

동조한 후 다음 화제로 넘어가기 전에 재빨리 "아, 그럼 또 연락할게요"라고 말하세요. 상대방을 기분 좋게 만들고 이야기의 주도권을 가져오는 것입니다. "앗, 그럼 그 얘기는 다음에 하죠. 잘 부탁드려요", "또 조언해주세요"라고 말하면서 다른 일이 있는 것처럼 자연스럽게 자리를 뜨는 것도 좋습니다.

'다른 일'이 없어도 괜찮습니다. 그보다 일이 있어서 어쩔 수 없다는 의도만 전달하면 됩니다. "고객님께 전화드려야 해서요", "다음 약속 장소에 가야 해서"라고 말하는 것도 좋습니다. 미리 상황을 설정해놓고 사실인 듯 행동해도 괜찮습니다.

"그렇네요. 정말 그런 일도 있군요. 아! 잠시만요. 또 전화가 오네요. 재미있었어요. 다음에 봬요" 정도의 말로 자리를 떠서 본인의 소중한 시간을 지키세요.

별로 내키지 않는 회식을 거절하려면 어떻게 하면 좋을까요? 그럴 때는 매번 참석하지 말고 몇 번 중에 한 번 정도 참석한 뒤, 나머지는 어쩔 수 없는 이유를 대면서 거절해보세요. "죄송해요, 아이가 어려서요"라고 말할 수도 있습니다.

대화의 자신감을 잃었다면

자신이 말을 잘 못한다고 여기는 사람일수록 이렇게 생각할 때가 많습니다.

'그때 이렇게 말할걸.'
'아, 내 반응이 너무 미적지근했나?'

하지만 스스로 '할 수 있다'라는 자기암시를 하면서 하루를 마무리해보세요. 스포츠 연습도 마찬가지입니다. 본인이 잘했을 때의 이미지를 계속 떠올리면 다음번에 긍정적으로 임할 수 있습니다.

자신감을 잃었다면 주변에 있는 '남을 잘 챙기는 사람'에게 말을 걸어보는 건 어떨까요? 집단에는 반드시 '누구하고든 서슴없이 이야기를 잘하는' 사회성이 매우 좋은 사람이 있게 마련입니다. 학창 시절을 생각해보면 전학생에게 다가가서 친절하게 말을 거는 유형의 사람입니다.

특히 스탠딩 파티처럼 인원이 많은 곳에서 그런 사람을 찾으면 마음이 편해집니다. 평온하게 대화를 나누면 긴장이 확 풀립니다. 그러고 나면 주변을 둘러볼 여유가 생길 것입니다.

대화에도 궁합이 있습니다. 지쳐 있을 때는 나와 호흡이 맞는 사람과 이야기를 나눠서 자신감을 되찾아보세요.

TV나 라디오 프로그램에서는 PD가 바뀌면서 사회자가

일하기 편해지는 일이 종종 있습니다. 진행, 토크가 원활해지고 프로그램이 활기를 띱니다. 사회자와 PD의 호흡이 잘 맞기 때문입니다. 사회자들 사이에서 "역시 그 사람이 좋았어"라든가 "그 사람으로 바뀌고 나서 굉장히 진행이 수월해졌어"라는 말이 종종 들리곤 합니다.

누군가와 대화할 때도 이런 궁합을 찾아보는 것이 중요합니다. 여러 사람과 대화해보면 어렴풋이 '어? 이 사람하고는 잘 맞는데?', '왠지 말이 잘 통해서 즐거워'라는 생각이 드는 사람을 찾을 수 있을 것입니다. 궁합이 좋은 사람이 늘어나면 자신감을 가지고 소통할 수 있게 됩니다.

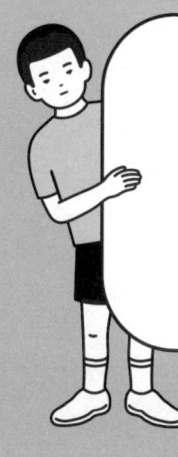

3장

또 얘기하고 싶은 사람이 되고 싶다

> ## 대화는 '듣는 사람'이
> ## 주도한다

 대화는 한쪽이 말을 잘 못해도 다른 한쪽이 말을 잘하면 성립됩니다. 오히려 두 사람이 모두 떠드는 것보다 한 사람은 말하고 다른 한 사람은 들을 때 훨씬 원활해집니다. 대화할 때는 두 사람이 모두 말을 잘하지 않아도 됩니다.

 예를 들어 예능 프로그램에서 연예인들이 재미있게 대화를 나누는 장면이 나옵니다. 왜 재미있다는 생각이 들까요? 말하는 사람이 아니라 '받아치는 사람'이 잘하기 때문입니다. 대화 내용이 썩 재미있지 않아도 상대방이 재치 있게 잘 받아치면 재미있는 프로그램이 됩니다. 연예인 중에는 '말하는 것'이 특기인 사람도 있고 '받아치는 것'이 특기인 사람도 있죠.

커뮤니케이션을 구성하는 요소에는 두 가지가 있습니다. 바로 '말을 잘하는 사람'과 '말을 잘 들어주는 사람'입니다. 여기서 커뮤니케이션 능력이 높은 쪽은 '말을 잘 들어주는 사람'입니다. 자기 이야기만 계속하는 것은 사실 이기적인 행동일 수 있기 때문입니다.

어떤 화젯거리가 나오든 도중에 끼어들어 결국 자기 이야기를 해버리는 사람이 있죠. 그런 사람은 본인 이야기로 상대방의 이야기를 방해하고, 원래는 모두에게 똑같이 주어졌던 시간도 빼앗아버립니다. 유감스럽게도 본인은 상대방에게 피해를 주고 있다는 사실조차 깨닫지 못합니다.

의외로 커뮤니케이션을 주도하는 것은 말하는 사람이 아니라 듣는 사람입니다.

어느 쪽이 더
분위기가 좋을까?

**재미있게
듣는다.**

or

**재미있는 이야기를
한다.**

말을 잘하는 사람은 대화를 지배하고 있을 뿐, 결코 자리를 주도하는 건 아닙니다. 이야기를 듣고 적절한 리액션reaction(반응)을 하면서 말하기 편하도록 그 자리의 분위기를 리드하는 건 사실 '듣는 사람'입니다.

당신이 '또 만나고 싶다'라고 생각한 사람은 어떤 사람이었나요. 각자의 경험을 근거로 생각해봅시다. 혹시 그 사람은 당신의 이야기에 미소 지었거나, 반응을 잘해주었거나, 손바닥을 치면서 쾌활하게 웃지 않았나요?

그렇습니다. 내가 기분 좋게 이야기할 수 있었던 것은 상대가 재미있다는 듯 이야기를 들어주었기 때문입니다.

저에게는 중학교 시절부터 친하게 지내는 친구가 있습니다. 그 친구는 제 이야기에 "맞아", "대단하네"라면서 반응을 참 잘해줍니다. 덕분에 저는 기분 좋게 이야기할 수 있습니다. 말하다 보면 나도 모르게 내 이야기를 더 많이 한 것 같아 미안할 때도 있지만, 우리 두 사람의 대화 방식은 그렇게 정립되었습니다.

이야기를 하는 사람 입장에서는 '아냐, 내 이야기가 재미있어서 그런 걸 거야'라고 생각할 수 있지만, 그렇다고 해도 상대방의 반응이 좋았기 때문에 기분 좋게 말할 수 있지 않았나요? 아무리 재미있는 이야기를 하더라도 상대방의 반응이 미적지근하면 기분 좋게 이야기하기가 어려울 것입니다.

우리는 이야기를 재미있게 들어주는 사람을 다음에 또 만나고 싶다고 생각합니다.

잘 들어주는 사람이 있다면 누구나 함께 일하고 싶다고 생각하고, 조직의 분위기도 밝아집니다. 이야기를 잘하는지 아닌지는 소통에서 그렇게 중요한 요건은 아닙니다. 그보다 즐겁게 지낼 수 있는지가 중요합니다. 상대방의 이야기가 재미없어도 리액션을 재미있게 해보세요. 이것이 요즘 시대에 가장 적절한 배려 아닐까요.

공격보다 수비! '리액션'이 대화를 주도한다

듣는 기술 중에서 가장 주목해야 하는 것이 '리액션 능력'이라고 생각합니다. 물론 귀를 기울여 신중하게 듣는 것도 필요하지만, 그 이상으로 리액션하는 것은 대화를 즐겁게 만드는 매우 중요한 기술입니다.

리액션을 잘하는 사람 하면 바로 떠오르는 것이 개그맨들 아닐까요? 예를 들어 일본의 개그맨 데가와 데쓰로 씨는 리액션이 크기로 유명합니다. 실제로 TV 프로그램에서 데가와 씨와 함께 출연하면 "사이토 씨, 그런 게 어디 있어요!"라면서 리액션을 크게 해주어서 프로그램이 재미있어집니다.

리액션은 연예인만의 전매특허가 아닙니다. 사실 리액션은 그 자리의 분위기를 만드는 베이스가 됩니다. 이야기를 열심히 하는데도 무표정으로 아무 반응도 해주지 않는 사람이 있다면 '내 이야기가 재미없나?', '기분이 안 좋은가?'라고 느껴져서 말하기가 점점 불편해집니다. 반대로 표정이 싹 달라지면서 "어? 정말?", "와, 힘들었겠다"라고 바로 반응해주는 사람에게는 "그래! 그렇다니까, 그래서…"라고 더 이야기하게 되죠.

리액션은 상대방에게 '관심이 있음'을 보여주는 최고의 기술입니다.

제가 가르치는 학생 중 '리액션 여왕'이라 불리는 사람이 있었습니다. 별명대로 리액션을 굉장히 잘하기 때문에 모두가 그 학생과 이야기하고 싶어 해서 인기가 많았습니다. 그 학생은 딱히 재미있는 이야기를 하지는 않았습니다. 그저 다른 사람의 말을 듣고 훌륭한 리액션을 했기 때문에 늘 자리를 주도하는 역할을 맡곤 했습니다. 이걸 보더라도 커뮤니케이션에서는 말을 하는 사람보다 듣는 사람, 그중에서도 리액션을 잘하는 사람이 주도적인 위치를 차지한다는 것을 알 수 있습니다.

커뮤니케이션은 '공격'보다 '수비'가 중요합니다. 재미있는 이야기를 하려고 애쓰기보다 내가 주인공인 듯한 기분으로 리액션을 보여주면 대화를 더 잘 이끌 수 있습니다. 참고로 제가 말한 그 학생은 많은 기업에서 합격 통지를 받았습니다. 일할 때도 리액션을 잘하는 사람은 소통 능력이 좋다는 평가를 받기 마련입니다.

대화의 질을 가르는 리액션 기술

대화의 기술을 갈고닦는 것은 장벽이 높지만, 리액션은 연습하면 금세 좋아집니다.

'상대방 이야기에 진심으로 웃었는가.'
'진심으로 동조했는가.'
'분위기를 부드럽게 만들었는가.'

이런 점을 신경 써보세요. 언제나 똑같은 리액션을 한다면 상대방도 지겨울 것입니다. 리액션의 종류는 많으니 다양하게 늘리는 노력도 필요합니다.

- 눈 마주치기
- 미소 짓기
- 맞장구치기
- 활짝 웃기
- 웃기(호탕하게 웃거나 미소 짓거나 여러 패턴이 있습니다)
- 가볍게 놀라기
- 가볍게 손뼉을 치기

이런 것을 하나하나 실천하기만 해도 대화의 질이 상당히 달라질 것입니다. 중요한 것은 말하는 내용이 아니라 상대방에게 '관심을 전하는 것'입니다. 맞장구만 한 번 치더라도 상대방에 대한 관심을 드러낼 수 있습니다.

대화가 단조로워지지 않도록 몇 가지 맞장구 패턴을 익혀 봅시다. 저는 "그러게요"를 자주 사용합니다. 상대방이 말할 때 "그러게요"라고 대답할 때가 많습니다. 이것은 꽤 여러 곳에서 쓸 수 있는 치트 키입니다. 그 밖에도 "그런가요", "우아", "그렇군요", "그래서요?", "그건 그렇죠" 등 여러 가지가 있습니다. 조금 친근하게 하려면 "그런데 이젠?", "내 말이!" 등도 사용할 수 있을 것 같군요.

리액션은 조금 과장되게 하는 것이 좋습니다. 듣고 있는 내가 주인공이 된 듯 손뼉도 쳐보고 "정말?"이라고 놀라기도 해봅시다. '너무 오버하는 것 아닌가'라는 생각이 드는 정도가 딱 적당합니다.

나이 든 남성 중에는 리액션의 중요성을 이해하지 못하고 표정을 잘 바꾸지 않는 분도 많습니다. 5,000엔짜리 지폐에 그려진 니토베 이나조新渡戶稻造(일본 메이지와 다이쇼 시대에 활동했던 사상가이자 교육인, 정치인-옮긴이)도 일상에서 밝고 쾌활함을 유지하는 것이 중요하다고 말했습니다. 리액션은 분위기를 살리는 데 중요한 역할을 합니다. 과감하게 시도해보세요.

이야기를 계속하는 데 필요한 것은 개그맨처럼 재미있는 이야기를 하기보다 다음 화젯거리로 연결하는 능력입니다. 먼저 상대방 이야기에 리액션하고 나서 다음 화젯거리로 바로 연결해보세요. "와, 그렇군요!"(리액션) + "그러고 보니"(다음 화젯거리)처럼 두 개를 세트로 묶어서 사용합니다.

가게에서 손님을 상대하는 일을 한다면 목소리를 높여서 "와, 그렇군요"라고 말하기만 해도 손님들이 좋아합니다. 이런 리액션 하나만으로 상대방을 즐겁게 만들 수 있죠.

일단 "그렇군요!"라는 리액션부터 하고 다음 화젯거리를 생각해보는 것도 좋습니다. 커뮤니케이션에서 중요한 듣기와 말하기는 해결한 셈이니까요.

"저도요!"는 만능 리액션

가장 간단하게 분위기를 끌어올릴 수 있는 리액션은 "나도!", "저도요!", "나도 그런데!"라고 맞장구치는 것입니다. "그거, 저도 좋아해요", "저도 그래요!"라고 상대방의 말에 동조하면 분위기가 살아납니다.

'앵무새처럼 따라 하기' 방법도 있습니다. "얼마 전 역 근처 카페에서 새로운 메뉴를 시켜봤어"라고 말하면 "오, 새로운 메뉴 말이군요"라고 말을 따라 하면서 다음 말을 기다리는 방식입니다('생각났는데' 화법과 비슷할지도 모르겠군요).

여기서 한발 더 나아가 공감도 곁들여봅시다. 상대방이 "지금 넷플릭스 드라마에 빠져 있어서…"라고 말한다면 그 사람과 같은 단어를 사용해서 "아, 넷플릭스에 재미있는 드라마가 많죠"라고 대답해보세요. 이때 중요한 것은 "좋네요"라는 말을 넣는 것입니다.

말을 그대로 따라 한 뒤 "그거, 좋죠", "저도 그거 궁금했어요"라는 말을 덧붙이면 상대방은 자기 말에 공감해준다고 받아들입니다. 내가 던진 공을 상대방이 다시 나에게 던져주는 것, 즉 대화의 캐치볼이 성립됩니다.

여기서 중요한 점은 상대방의 말을 잘 듣고 '중요한 단어'를 선별하는 것입니다. 상대방 말을 들으면서 '이거다!' 싶은 부분을 머릿속에 형광펜으로 칠해놓으세요. 그리고 이야기가 끝났을 때 "역시 ○○가 좋죠"라고 동의를 표합니다. '나와 관심사가 같다'라는 점이 둘 사이에 공감대를 형성합니다.

'공감을 표시한다'라는 것은 상대방에게 관심이 있다는 사실을 전달하는 일입니다. 상대방에게 관심을 가지고 대하는 것은 대화의 기본적인 매너입니다.

누군가와 대화를 나누고 집으로 돌아오면서 '아, 말을 잘 못했어', '그런 말은 하지 말걸'이라고 후회한 적이 있나요?

괜히 이 말 저 말 두서없이 늘어놓은 탓에 가벼운 사람이 된 건 아닌가, 혹은 상대가 곤란했으면 어떡하나 걱정도 되죠. 기왕 후회할 거라면 말을 잘했는지 못했는지가 아니라

'듣는 법'에 대해 반성했으면 합니다. 대화는 둘이 함께 하는 것이지 내가 중심이 되는 것이 아니기 때문입니다.

따라서 이렇게 반성하는 것이 필요합니다.

'리액션을 잘 못해서 미안하네.'
'그때 그 리액션은 좀 아니었던 것 같아.'
'거기서 조금 더 분위기를 띄울 걸 그랬어.'

> **좋은 질문은 말하고 싶은 마음을 부른다**

여러 나라의 학회에 참석하며 깨달은 점이 있습니다. 일본에서는 발표한 후 질의응답 시간에 질문이 거의 나오지 않는데, 서양 사람들은 거침없이 질문을 한다는 점입니다. 그들은 질문을 하려는 의욕이 강한 것처럼 느껴졌습니다.

서양에서는 질문하는 것을 '당신의 이야기를 잘 들었습니다'라는 의미로 받아들인다고 합니다. 상대방 의견에 질문으로 대답하는 것이 매너라고 여겨지는 분위기입니다. 상대방의 이야기를 진지하게 듣고 적절한 질문을 할 수 있는가. 이

것이 커뮤니케이션의 기본입니다.

그렇다면 어떤 질문이 적절할까요?

'질문을 잘한다'라고 하면 아무도 하지 못하는 질문, 하기 어려운 질문을 거침없이 하는 것으로 생각하는 사람이 있을지도 모릅니다. 하지만 그렇지 않습니다. 예를 들면 "연봉이 어느 정도인가요?" 같은 질문은 그 자체로 논란을 불러일으킬 수 있기 때문입니다.

이런 질문은 등급을 나누자면 '어린이 등급'입니다. 어린아이는 주위를 전혀 신경 쓰지 않고 "저기요, 결혼했어요?"라든가 "아저씨, 지금 얼마 갖고 있어요?" 등 순진무구한 질문을 합니다. 아이라면 귀여워서 쓴웃음으로 대처할 수 있지만, 어른이 이런 질문을 한다면 전혀 귀엽지 않겠죠.

어느 쪽과
이야기하고 싶을까?

**상대가 말하고 싶어 하는 것을
묻는 사람**

or

**자기가 묻고 싶은 것을
묻는 사람**

뻔한 대답이 나오지 않도록 묻는다

뛰어난 진행자는 '저 사람이 무엇을 이야기하고 싶어 하는지' 읽어내는 센서를 지니고 있습니다. '저 사람이 이야기하고 싶은 건 이 부분이겠구나', '여기가 본질적인 이야기구나'라는 부분을 알아내는 것이 좋은 질문의 본질입니다.

스포츠 중계를 보면 "지금 기분을 말씀해주세요"라고 말하곤 합니다. 우승을 거둔 소감을 묻고 싶은 마음은 잘 알지만, 보통 대답은 "아주 기쁩니다", "최고입니다" 같은 틀에 박힌 내용입니다. "앞으로 어떤 계획을 갖고 계신가요?"라는 질문도 마찬가지입니다. 대부분 "다음에도 열심히 할 테니 많은 응원 부탁드립니다"라고 전형적인 대답이 나오죠.

묻는 사람도 그렇지만, 대답하는 사람도 늘 똑같습니다. '혹시 사람들 앞에서 인터뷰하느라 긴장한 건가?' 싶을 때도 있습니다. 이런 질문을 하기보다 그 사람의 이력을 고려해 질문해보면 어떨까요?

예를 들어 계속 벤치에 앉아 있던 선수가 중요한 순간에 투입되어 역전승을 이끌었다고 해봅시다. "몇 년간 계속 아쉬운 마음이었을 텐데, 오늘 기분은 어떠신가요?"라고 물으면 그동안 힘들었던 기억을 떠올리면서 대답할 것이고, 그런 선수의 드라마라면 팬들도 듣고 싶을 것입니다.

이상적인 질문이란 상대방이 이야기하고 싶어 할 만한 내용을 묻는 것입니다.

만약 그 자리에 제삼자가 있거나 미디어에 보도하는 경우에는 '상대방이 말하고 싶은 것'과 더불어 '다른 사람들이 알고 싶은 것'이라는 조건도 추가됩니다. 이 조건들을 순식간에 파악하고 무엇을 물어볼지 판단하는 것, 그것이 어른의 질문입니다.

키워드를 메모하는 습관

대화를 이어나가려면 질문의 방향이 어긋나게 하지 않는 것도 중요합니다.

예를 들어 상대방이 최근에 〈고질라〉라는 영화가 재미있었다며 열심히 감상을 이야기하고 있을 때 "그런데 도마뱀은 길러보신 적이 있나요?"라는 질문을 한다면 상대방은 '이 사람, 내 얘기 듣고 있는 건가?'라고 기분 나쁘게 생각할 것입니다.

이런 식으로 질문이 내용에서 벗어나면 '대체 뭘 묻는 거야', '갑자기 전혀 다른 이야기를 꺼내다니 너무 예의 없는데'라는 인상을 줍니다. 그곳이 직장이라면 신뢰를 잃기 십상이겠죠.

그런 사고를 막기 위해 이야기의 요점을 적어두는 메모를 추천합니다. 상대방 이야기를 듣고 내가 몰랐던 것, 깨달았던 것을 적어두면 이야기의 내용을 머릿속에서 여과해서 정리할 수 있습니다. 문장이 아니라 키워드를 적기만 해도 됩니다. 손에 메모장이 없는 경우가 많을 테니 그때는 키워드를 머릿속에 입력하고 다음 질문으로 연결해보세요.

키워드만 찾아내면 "지금 말씀하신 ○○(키워드)는 조금 더 구체적으로 설명하자면 어떤 느낌인가요?", "왜 ○○(키워드)는 그렇게 되는 건가요?"라고 다음으로 이어질 질문을 할 수 있습니다.

메모하는(키워드를 기억해두는) 작업을 습관화하다 보면 상대방의 이야기에서 키워드를 찾아내는 센서가 단련됩니다. 이 센서의 감도를 높이는 일이 좋은 질문을 하는 능력으로 이어집니다. 직장에서도 날카로운 질문을 한다면 모두가 눈여겨보는 사람이 될 수 있을 것입니다.

> ## 당신은
> '프로 진행자'다

적절한 질문을 던지면 이야기가 원활하게 흘러가지만 신중한 성격 때문에 질문하는 게 어려울 수도 있습니다. 그럴 때는 내가 진행을 잘하는 사회자가 되었다고 생각하고 상대방의 이야기를 들어봅시다.

이것은 어느 유튜버가 한 말입니다. 그 사람은 원래 말을 잘 못하지만, 유명 PD가 되었다고 생각하면 말을 잘할 수 있게 된다고 합니다. 평소에는 긴장을 잘하는 성격인데 그렇게 생각하면 과감한 질문이나 제안도 할 수 있다는 것입니다.

평소에는 절대로 하지 못하는 이야기도 '나는 유명 PD다'라고 생각하면 술술 나온다고 말이죠.

다른 사람이나 다른 입장까지 되기는 힘들더라도, 머릿속으로 '이건 취재하는 거야'라고 상상하면서 관점을 바꿔보면 어색했던 공기가 거짓말처럼 사라지고 이야기를 이끌어내기 쉬워질 수도 있습니다.

제 수업에서도 말을 잘 못한다는 학생에게 "유명 진행자가 되었다고 상상해보자"라고 조언한 순간, 갑자기 말을 청산유수처럼 잘하게 되는 경우를 여러 번 경험했습니다. 이렇게 **자신의 인식을 바꾸기만 해도 상대방과의 관계가 변화하고 말을 하기 쉬워집니다.**

관계를 심화하는 두 가지 질문법

상대방과의 관계를 돈독하게 할 수 있는 심도 깊은 질문은 주로 두 가지 방식으로 이루어집니다.

첫 번째 방법은 상대방에 대한 사전 정보 없이 임하는 것입니다. 즉 상대방과 그 자리의 분위기에 따라 질문을 바꿔나가는 방식입니다. 사전에 정보가 없는 만큼 상대방의 이야기에 "그렇군요!"라고 신선하게 받아들이고 생생한 반응을 할 수 있습니다.

두 번째 방법은 첫 번째 방법과 반대로 사전 정보를 철저히 파악한 후에 임하는 것입니다. 미디어에 자주 등장하는 사람이라면 몇 번이나 같은 질문을 받는 경우가 많은데 매번 같은 대답을 하는 것도 매우 힘든 일입니다.

하지만 진행자가 그 사람을 자세히 조사해서 질문하면 "어? 그런 것도 알고 계세요? 그럼, 다 알고 있는 이야기는 건너뛰고 가장 중요한 부분을 이야기할게요"라고 한 번에 핵심을 찌를 수 있게 됩니다.

만약 가까워지고 싶은 사람이 있다면 사전에 SNS로 그 사람에 대해 알아보는 건 어떨까요?

SNS에서 최근 여행을 했다거나 무언가에 성공했다거나 아니면 새로운 경험을 했다는 내용의 게시물을 봤다면 그것에 대해 질문해보세요. 상대방은 기쁘게 이야기할지도 모릅니다.

기억에 남는 질문은 "그런 질문은 받아본 적이 없어요" 같은 말이 나올 만한 창의적인 질문입니다(상대방이 말하고 싶은 범위의 질문이어야 한다는 것이 전제입니다).

이 경우, 좋은 의미에서 상대를 놀라게 하는 효과가 있습니다. "질문을 받고 지금 처음 생각해봤는데요"라면서 아직 아무에게도 말하지 않은 것을 털어놓을지도 모릅니다. 프로 진행자는 지금까지 나오지 않았던 이야기를 듣고 이야기를 점점 발전시켜나가는 능력이 있습니다.

대담집으로 '질문력' 단련하기

질문을 잘하는 능력을 끌어올리는 비결이 몇 가지 있습니다. 그중에서도 저는 대담집 읽는 것을 추천합니다.

제가 지금까지 읽은 책을 몇 권 소개해드리겠습니다. 소설가 무라카미 하루키村上春樹 씨와 지휘자 오자와 세이지小澤征爾 씨의 대담을 기록한 『오자와 세이지 씨와 음악을 이야기하다』라는 책이 있습니다.

무라카미 씨는 소설가지만 음악을 대단히 좋아하며 대학 재학 중 재즈 카페를 여는 등 음악에 대해 조예가 깊습니다. 그런 무라카미 씨가 클래식 대가에게 존경의 마음을 담아 이런 질문을 합니다.

"오자와 씨는 뉴욕 필하모닉에 먼저 있다가 베를린으로 가신 건가요?"
"뉴욕 필하모닉과 베를린 필하모닉은 연주 소리가 완전히 다르잖아요."

"하지만 1960년대 전반의 뉴욕 필하모닉의 음악은 딱딱하고 공격적이었죠."

"그런 연주는 미국 청중에게 반응이 좋았나요?"

이처럼 무난한 이야기부터 시작해서 점점 깊이 있는 이야기로 들어갑니다. 대담 중인 두 사람이 대등한 분위기를 풍기는 것은 무라카미 씨의 방대한 지식이 오자와 씨에게도 자극이 되었기 때문일 것입니다. 이 대담을 읽어보면 지성의 힘이 무엇인지 느낄 수 있습니다. 자신의 분야가 아닌데도 이 정도로 박학다식하다면 그 분야의 달인과도 깊은 대화가 가능하다는 것을 알 수 있습니다.

대화란 무엇인지, 대화의 본질을 느끼고 싶다면 『괴테와의 대화』를 추천합니다. 30대의 젊은 문학도인 요한 페터 에커만Johann Peter Eckermann이 70대의 요한 볼프강 폰 괴테 Johann Wolfgang von Goethe에게 가르침을 청하고 괴테가 이에 응답하는 형식입니다. 에커만의 질문이 괴테에 관한 심층적인 내용에 기반한 것이라서 답변하는 괴테의 인간적인 모습이 아주 잘 드러났다고 생각합니다.

저는 젊은 시절에 이 책을 읽고 그들이 대화하는 자리에 함께 있는 듯한 기분에 행복을 느꼈습니다. 살아 있는 언어의 위대함을 경험하고 마치 지금 괴테가 눈앞에서 이야기하는 듯한 기분까지 들었죠. 이 책은 후에 철학자 니체가 '최고의 독일어 책'이라고 평가합니다.

대담이나 대화 책을 읽다 보면 '이건 이렇게 질문하는구나'라든가 '이런 것을 묻고 싶을 때는 이런 식으로 말하는구나' 등 적절한 질문 방식을 알게 됩니다. 그리고 '나도 이런 대화를 해보고 싶다. 이런 대화를 할 수 있는 상대가 있으면 좋겠다'라고 생각하게 됩니다.

실제로 그런 상대를 찾으면 평생의 보물로 간직해야 합니다. 계속 즐겁게 대화할 만한 사람이 있다는 것만으로도 인생이 풍요로워질 테니까요.

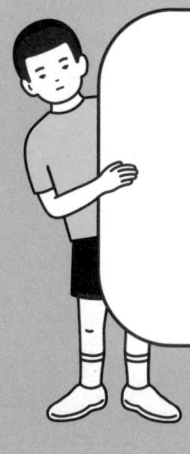

4장

좋은 관계는 편안한 대화에서 시작된다

> **중거리 인간관계의 중요성**

 깊이 있는 인간관계를 맺으려면 상대방이 나를 또 만나고 싶다고 생각하게 만들어야 합니다. 예를 들어 다음과 같이 호기심을 갖게 하는 사람이라면 누구나 친하게 지내고 싶어 하지 않을까요?

'저 사람의 이야기를 들어보고 싶다.'
'내가 궁금한 정보를 알고 있다.'
'이 자리에 꼭 함께하면 좋겠다.'

인연이 길게 지속되는 관계가 있습니다. 여러 명이 함께하는 프로젝트나 이벤트에 참가했다가 끝난 뒤에도 몇 명씩 그룹별로 개인적 교류를 하거나 연락을 주고받는 경우입니다.

학교나 직장에서 있었던 일을 떠올려봅시다. '그러고 보니 그 사람하고 연락하고 있네', '그 뒤로 만난 적은 없는데, 연하장은 주고받고 있어', 'SNS로 근황만 알고 있어' 등 여러 루트로 연락하는 사람들이 있을 것입니다.

그런 사람들을 거리감으로 표현한다면 '중거리' 관계입니다. 서로 연락처를 알고 있지만 부담스럽지는 않고 간간이 연락을 주고받는 사이죠. 저는 사실은 그런 **'중거리' 관계야말로 인생을 풍요롭게 하는 데 중요한 존재라고 생각합니다.**

가족 또는 친구 등 가까운 존재가 자신이라는 집을 지탱하는 큰 기둥이라고 한다면 중거리 사람들은 큰 기둥을 튼튼하게 지탱해주는 보조 기둥 같은 역할을 합니다. 인간관계에서 중거리 사람들이 늘어나면 자신이 사회와 연결되어 있다는 것을 실감하게 됩니다. 동시에 '나를 지지해주는 사람이 이렇게나 많다'는 행복한 감정도 커집니다.

직접 만나야 오래 간다

요즘에는 꼭 말을 하지 않더라도 커뮤니케이션이 성립되는 경우도 많습니다. 예를 들어 사진을 잘 찍는 사람이 자신이 촬영한 사진에 멘트 하나만 달아서 SNS에 올린다고 합시다. 그러면 사진이 취미인 사람들이 '좋아요'를 누르고 자신이 찍은 사진도 공유하는 등 사진을 통한 커뮤니케이션이 이루어집니다.

인터넷에서 이렇게 활발한 교류가 펼쳐지는 것은 현대사회의 기적이라고 생각합니다.

한편으로는 인터넷으로 사람들과 소통하는 것에 만족하고 직접 상대를 만나서 교류할 필요를 느끼지 못하는 사람도 늘고 있습니다. 대학에서도 마찬가지입니다. 학생들은 다른 사람과의 소통을 메신저로 끝내는 것을 일종의 매너처럼 여기는 것 같습니다.

이런 식으로 맺는 인간관계가 삭막하다고 느끼는 사람도 있을 것입니다. 그렇지만 요즘 흐름을 무시할 수는 없습니다. 현실에서 직접 만나고 싶다면 SNS로 먼저 서로의 분위기를 살펴봐야 합니다. 상대도 나와 같은 생각을 하는지 알 수 없기 때문입니다.

멋진 카페를 화젯거리로 삼거나, 공통된 취미에 관련된 이벤트 소식을 공유하면서 같이 가보지 않겠냐고 권한다면 자연스럽게 가까워지겠죠.

개중에는 어떤 이야기든 내켜 하지 않는 사람도 있습니다. 이런 사람들은 두 가지 유형으로 나뉩니다. 하나는 현실에서 만나지 않고 메신저만으로 소통해도 괜찮다고 생각하는 사람이고, 다른 하나는 너무 둔해서 자기에게 권유하는지 모르는 사람입니다.

카페나 이벤트 이야기가 단순한 화젯거리라고 생각하고 같이 가자는 말인지 깨닫지 못한다면 약속을 구체적으로 잡을 필요가 있습니다(만약 자신이 둔감하다고 생각한다면 상대방의 말을 곱씹어보세요).

이런 식으로 현실에서 만나자고 권유할 때도 SNS 메시지 등을 통해 마음의 문을 세심하게 노크하는 것이 필요합니다.

요즘 대학생들은 학교 밖에서 만나는 것 자체를 부담스러워할 수 있습니다. 노래방에 가는 것은 좀 더 부담스럽고 술 마시는 자리는 부담감이 더욱 심해지죠. 함께 야구를 관람하러 간다거나 좋아하는 굿즈를 사러 가는 것도 장벽이 높습니다.

현실의 벽은 이렇게 높지만 이왕이면 실제로 만나는 것이 좋습니다. 만나서 이야기를 나누면 대부분 상대방에 대한 인

인간관계를
발전시키려면
어떤 만남이 좋을까?

**현실에서
만나는 것이 좋다.**

or

**SNS에서
대화를 나누면 된다.**

상이 좋아지기 마련입니다. 왜냐하면 실제로 만나서 얻을 수 있는 정보량이 SNS와는 비교가 되지 않을 정도로 많기 때문이죠.

게다가 실제로 만나보면 그 사람의 됨됨이까지 알 수 있습니다. 글보다는 전화가 낫고 전화보다는 직접 만나는 게 낫습니다. 현실에서 커뮤니케이션을 회피한다면 사람을 판단하는 사고의 폭이 좁아질 가능성이 큽니다.

글만 보고 상대방을 판단하는 것은 작은 열쇠 구멍으로 상대방을 들여다보는 것과 같습니다. 한정된 정보만으로 다른 사람과 교류하는 것은 매우 힘든 일입니다.

좋은 사람인 줄 알았는데 실제로 만나보면 사소한 표정이나 행동에서 '이 사람, 좀 별로인데'라고 생각할 만한 요소를 쉽게 알아채기도 합니다. 이런 부분은 글로는 좀처럼 판단하기 어렵습니다. SNS로 대화해봤다고 상대방을 다 파악했다고 생각하지 않는 것이 좋습니다.

개인적인 인간관계뿐 아니라 비즈니스로 맺어진 인간관계라도 직접 만나는 기회를 만드는 것이 좋습니다. 자주 만날 필요는 없지만 한 번쯤 만나서 서로의 성향을 파악하면 그 뒤로는 SNS 대화만으로도 문제없이 관계가 진행될 것입니다.

화상회의도 좋지만, 참가 인원수가 많으면 참석 멤버가 누구인지 정확하게 파악하기조차 어렵습니다. 반면 직접 만나서 회의를 해보면 의견을 말하고 싶어 하는 멤버가 누구인지, 회의 분위기가 어떤지 한눈에 알아볼 수 있습니다.

무언가 부탁할 때도 SNS 메시지를 보내서 반응을 살피는 것보다 직접 만나는 것이 이야기가 빨리 진행됩니다.

예를 들어 "○○는 어떨까요?"라고 말했을 때 상대방이 주저하는 반응을 보이면 '이건 안 되겠네'라고 바로 알 수 있겠죠. 그러면 빠르게 다른 제안을 할 수 있을 것입니다. 메시지나 메일이라면 돌려 말하게 되기 때문에 상대방의 진짜 마음을 판단하기 어렵습니다.

온라인 커뮤니케이션이 매우 유용하지만 직접 만나서 하는 소통은 인간관계를 만드는 중요한 기회이기도 합니다. 뭐든 '가성비'가 최고라고 여겨 회의나 회식을 없애버리면 개인의 소속감이 점점 옅어집니다. 그러다 보면 나 자신을 둘러싼 인간관계도 점점 희미해집니다.

번거롭지 않은 인간관계, 간단한 소통은 편하고 효율적이지만 그렇게 해서 남은 시간에는 뭘 하나요? 하루 종일 OTT 동영상만 보는 일상이 그렇게 재미있나요? 조금 더 보람된 일을 찾아보면 어떨까요?

> **이야기는 최대 1분,
> 재미있는 것은 세 가지씩**

새로운 정보를 적당히 제공하는 사람은 좋은 인상을 줍니다. 그렇다고 교양이 넘치는 화젯거리를 제시하자는 이야기는 아닙니다.

"이 가게 맛있어", "OTT는 이 서비스가 편리해" 등 일상생활에 도움이 될 만한 '꿀팁'이면 됩니다. 업무상 관련 있는 사람이면 업계 정보처럼 일에 도움이 되는 화젯거리에 관심이 있을 것입니다.

또 "추천할 만한 영화가 있나요?"라는 질문을 받았을 때 "너무 많아서…"라고 대답한다면 대화가 지속되지 않습니다. 재미있는 영화를 구체적으로 알려달라는 뜻이므로 "〈쇼생크 탈출〉이 재밌더라고요"라든가 "인도 영화 〈RRR〉은 꼭 보세요"라는 식으로 콕 집어 말해야 대화가 이어집니다.

추천해달라는 말을 들었을 때 한 가지로 추릴 수 없어 곤란해하는 사람도 있을 것입니다. 그럴 때는 자신의 '베스트 3'을 얘기해봅시다. 그러면 상대방은 그중 자신의 취향을 찾을 수 있을 테고, 말하는 사람도 상대방 마음에 들기 위해 지나치게 신경 쓰지 않아도 되기 때문에 마음이 편해집니다.

만약 '이 영화를 추천하면 너무 마니아로 보이진 않을까?', '그 장면은 호불호가 갈릴 텐데'라는 식으로 걸리는 것이 있다면 추천 포인트별로 제안해도 좋습니다.

영화 이야기라면 "감동을 원하면 ○○, 과격한 장면이 싫다면 ○○, 서스펜스를 좋아한다면 ○○를 보세요" 하는 식

정보를 제공한다면
어떤 식으로
이야기하는 게 좋을까?

**선택지를 세 개
준비한다.**

or

**가장 유력한 것
하나만 전달한다.**

으로 추천 포인트별로 제안하는 것이 좋겠죠.

이야깃거리를 늘리기 위해서는 어느 분야든 '추천할 만한 것'을 세 개 정도 정해두면 좋습니다. 저는 이것을 '뭐든지 베스트 3'이라고 부릅니다. 앞에서 언급한 '관심사 발견 지도'를 활용해 자신의 관심사에 대한 베스트 3을 만들어놓으세요. 어떤 장르든 괜찮습니다.

예를 들어 '맥도날드 메뉴 베스트 3', '좋아하는 포켓몬 베스트 3'도 좋습니다. 음악을 잘 안다면 '쇼팽의 피아노 연주곡 베스트 3', '추천 드라마 베스트 3' 등 특정 장르의 베스트 3도 좋겠죠.

또 지식을 넓히고 싶다면 내가 잘 모르는 장르의 베스트 3을 정해보는 것도 좋습니다. 팝송을 잘 듣지 않는다면 일부러 '내가 좋아하는 팝송 베스트 3'을 만들어보는 식입니다. 유튜브에서 조금만 찾아봐도 금세 만들 수 있습니다.

팝송 얘기가 나오면 "전 잘 몰라서요"라고 대답했던 사람도 베스트 3 목록을 만들어두면 "최근에 들었는데 ○○라는 밴드가 좋던데요"라고 말할 수 있어 대화의 폭이 넓어질 것입니다.

베스트 3을 만들다 보면 자신의 가치판단 기준을 알게 됩니다.
저는 전에 게스트로 나갔던 라디오 프로그램에서 "마쓰다 세이코(일본의 1980년대를 대표하는 여성 아이돌 가수-옮긴이)의 곡 베스트 10을 말씀해주세요"라는 부탁을 받은 적이 있습니다. 선택한 곡을 프로그램에서 들려주겠다고 했죠. 이 작업은 꽤 재미있었습니다. 많이 알려진 곡을 선정하면 재미없을까, 몇 위부터 매겨볼까, 이런저런 생각을 하다 보니 마쓰다 세이코의 노래에 대한 감상을 다시 돌아보는 기회가 되었습니다.

베스트 1이 아니라 베스트 3을 생각한다면 조금 색다른 선택을 해볼 수도 있습니다. 예를 들어 '좋아하는 만화가 베스트 3'을 말할 때 이노우에 다케히코(만화 『슬램덩크』 작가-

옮긴이), 오다 에이치로(만화 『원피스』 작가-옮긴이), 쓰게 요시하루(1960년대에 활동했던 만화가-옮긴이)라고 대답하면 "응? 쓰게 요시하루?"라면서 상대방이 놀라겠죠.

누구나 알고 있는 내용에 일반적이지 않은 내용을 숨겨놓는 것도 정보 제공 기술 중 하나입니다. 상대방이 "응? 뭐라고?"라며 물어볼 만한 것도 한번 넣어보세요.

또 누군가가 정보를 추천해준다면 그것을 시도해보세요. 영화를 추천받았다면 OTT를 이용하거나 구매해서 보고 간단하게라도 감상을 말하면 다음에 그 사람과 이야기할 실마리가 생깁니다. 물어봐놓고 보지 않는 것은 실례가 될 수 있습니다.

또 추천받은 정보를 내 것으로 받아들이면 정보의 폭도 넓어질 것입니다. 이런 식으로 '뭐든 알고 있는 사람'이라는 인상을 주면 대화의 접점도 많아지겠죠.

정보가 구심력이 된다

자신만의 전문 분야가 있는 사람은 그것이 곧 개성이 됩니다. 저는 수업 시간에 네 명이 한 팀이 되어 라인 아이디를 교환하고 친구가 되어보라는 과제를 내곤 합니다.

여러 팀 중 라멘에 대해 잘 아는 학생이 속한 팀이 있었는데, 다 함께 라멘을 먹으러 가더군요. 단순히 한 분야를 잘 아는 사람이 있었을 뿐인데 팀을 하나로 뭉치게 하는 데 굉장히 도움이 되었습니다.

그 밖에도 "PPT 작성은 나에게 맡겨", "난 만화를 잘 알아", "웹 비즈니스는 잘 알아" 등 특정 분야에 전문 지식을 갖춘 것도 매력이 될 수 있고 깊은 인상을 남기기 쉽습니다. 좋아하는 것이 있다면 깊이 파고들어보세요.

설명은 15초 CF처럼

좋아하는 것에 대해 이야기하거나 자신만의 정보를 말할 때는 이것저것 다 가르쳐주고 싶어지기 마련입니다. 하지만 많은 내용을 이야기할 필요는 없습니다. 중요한 것은 '짧게 말하는 것'입니다. 앞서 말했듯 설명할 때는 1분, 2분이 아니라 15초 CF라는 생각으로 말해야 합니다.

그다지 재미있는 이야기가 아니더라도 길이가 짧으면 듣는 사람이 참을 수 있습니다. 하지만 1분을 넘기면 지루해하니 이야기는 언제나 짧게 하는 편이 좋습니다.

예를 들어 최근 시작한 TV 드라마 이야기가 나오면 그 프로그램을 홍보하러 나온 배우처럼 15초 또는 30초 정도로 가볍게 소개하면 충분합니다.

이때 핵심은 추천 포인트를 세 개 넣는 것입니다. '뭐든지 베스트 3'도 그렇지만 여기서도 '세 개'가 좋습니다. 이야기에 근거가 세 개 있으면 상대방도 수긍하기 쉽습니다. 제가 근무하는 메이지대학 입학 권유를 예로 들어볼까요?

"저는 메이지대학을 추천합니다. 역사와 전통이 깊어 각 분야에 동문이 많기 때문입니다. NHK 아침 드라마 〈호랑이에게 날개〉의 모델이 된 미부치 요시코(일본 최초의 여성 변호사 세 명 중 한 명-옮긴이) 씨도 이 학교를 졸업했습니다(근거 1). 또 책의 거리 진보초와 가까워서 대학 주변이 지적인 분위기를 풍깁니다(근거 2). 그리고 무엇보다 학생들이 활기 넘칩니다. '앞으로 나아가자'라는 슬로건 때문인 듯합니다(근거 3). 이런 면을 볼 때 저는 이 대학이 최고라고 생각합니다. 잘 부탁합니다."

문장끼리 연결되지 않더라도, 15초를 초과해도 어떻게든 1분 내에 끝내도록 합시다. 추천 포인트를 무엇으로 할지는 크게 신경 쓸 필요 없습니다. 내용보다 세 개라는 숫자를 기억합시다. 그리고 짧게 말하는 것이 중요하다는 사실을 기억하세요.

상대에 따라 속도를 달리하기

친해지고 싶은 사람이 있다면 그 사람의 속도에 맞추는 것이 중요합니다. 하지만 아직 데면데면한 사이라면 요즘 시류에 맞게 속도를 조금 올려보는 것도 좋습니다.

유튜브를 보면 잘 알 수 있죠. 유튜버들은 사람들의 관심을 끌어야 하므로 굉장히 빠른 속도로 이야기합니다. 저도 유튜브를 자주 보는데, 유튜버들의 빠른 말투에 익숙해져서 보통 속도의 영상도 조금씩 속도를 올려서 시청하게 되었습니다. 어느새 2배속으로 영상을 보고 있더군요.

TV에서는 생방송 중 정적이 3초 정도 흐르면 방송 사고처럼 느껴집니다. 저는 1초간의 정적도 길다는 생각이 듭니다. 출연자들도 정적을 참기 힘들어하죠. 지금은 시청자들의 정보 처리 능력도 좋아져서 느린 대화를 참을 수 없게 된 것 같다는 생각이 듭니다.

학생들은 빠르게 말하는 선생님을 선호합니다. 속도감도 중요하지만 빠릿빠릿하게 수업을 진행하는 선생님은 학생들에게 인기가 많습니다.

저는 수업 시간이 100분이라면 100분 동안 학생이 잠시라도 다른 생각을 하지 못하게 합니다. "이번에는 스톱워치로 잴 텐데, 한 명당 15초야", "생각할 시간 30초 줄게", "그럼 다음 간다, 자!"라고 끊김 없이 수업을 진행합니다. 안 그러면 학생들이 수업에 집중하지 않으니까요.

나중에 학생들에게 물어보면 시간이 어떻게 지나가는지 몰랐다고 이야기합니다. 속도감이 좋으면 100분이라도 '이렇게 짧은 건 처음이다'라고 느끼게 할 수 있습니다.

오늘날은 SNS로 맺은 얕은 관계의 사람들과도 소통을 많이 하는 것이 일상이 되었습니다. SNS에서는 깊이 있는 대화를 하기보다 속도감 있게 흐름을 잘 타야 합니다.

제 수업을 보더라도 대화에서는 '의미'보다 '속도'의 역할이 크다는 것을 알 수 있습니다. 무엇을 얘기하는지가 아니라 속도감 있게 이야기하는 것. 여러 사람이 빠르게 골고루 이야기한다는 점에서는 현대사회의 대화는 야마노테선 게임(일본의 순환 전철 노선인 야마노테선의 역 이름을 한 명씩 돌아가면서 말하는 게임 - 옮긴이)과 비슷합니다. 내용보다 리듬을 유지하는 일이 최우선이죠.

느긋하게 대화하며 신뢰를 쌓아라

하지만 상대방과 감정을 주고받으려면 느긋하게 이야기를

나누는 것이 좋습니다. 본래 대화는 서로 천천히 생각하고 깊이 있는 내용을 주고받는 것입니다. 저 역시 깊이 있는 대화가 의미 있다고 생각하기 때문에 상대방에게 생각할 시간이 필요하다면 기다려주곤 합니다.

말을 하고 생각하고 상대방의 말에 대답하는 느긋한 대화를 할 수 있는 사이가 진정한 신뢰 관계인 것 같습니다. 만약 그런 속도로 대화할 수 있는 사람이 있다면 소중히 대하세요. 그런 관계는 더 발전시켜나가도 좋습니다.

조금 전에 말했듯 대화 속도가 점점 빨라지고 있습니다. 그러나 친한 사이거나 두세 명 정도의 적은 인원이라면 유창하게 말하지 않아도 내 방식대로 이야기할 수 있습니다.

예를 들어 논리적으로 이야기하는 것을 선호하는 사람은 모든 것을 논리적으로 설명하려 해서 말투가 딱딱한 경우가 많습니다. 상대방이 그런 스타일을 이해한다면 '어려운 이론을 말하는 딱딱한 사람'이 아니라 '말투는 저래도 일은 참 잘

어느 쪽
대화가 거리가
좁혀질까?

**말하는 속도를
상대에게 맞춘다.**

or

**속도감 있게
이야기한다.**

하는 사람'이라는 평가를 받을 수 있을 것입니다.

처음 만났을 때 '참 말이 없는 사람이네'라는 생각이 들어도 익숙해지면 '아, 그냥 말이 없는 게 아니라 쓸데없는 말을 안 하는 사람이구나'라는 것을 알아줍니다. 많은 말을 하지는 않지만 꼭 할 말은 하는 사람이라고 상대방이 이해해주는 과정이 필요한 것이죠.

각자에게 나름의 사는 방식이 있듯 말하는 방식에도 스타일이 있습니다. 자신의 스타일을 유지하면서도 필요에 따라서는 빠른 속도로 이야기할 수 있도록 연습해두면 좋을 것 같습니다. 속 깊은 이야기를 느긋하게 나눌 수 있는 사람하고는 자신의 스타일대로 이야기하면 됩니다.

친구 관계를 오래 유지하기 위해서는 나와 스타일이 맞는 사람을 찾는 것이 제일 좋습니다. 잘 맞는 사람을 찾았다면 그 관계를 소중히 여기세요.

만약 빠른 속도로 이야기하기 어렵다면 식사하면서 대화하는 방법도 있습니다. 밥을 먹는 시간이 필요하므로 대화가 길게 이어지지 않거나 대화가 느려지기 때문에 안심이 됩니다. 술이 들어가면 속도는 또다시 달라집니다. 특히 술자리는 관계를 발전시키는 기회이기도 합니다. 내가 있는 자리에 맞는 속도감을 판단해서 거기에 맞춘다면 말을 잘 못한다는 생각이 들지 않을 것입니다.

> **관계에서 한 발 더
> 내딛는 법**

 앞에서도 언급했듯 누군가와 친해지는 데는 단계가 있습니다. 처음에는 인사나 아주 간단한 잡담으로 시작해서 점점 개인적인 이야기를 하게 됩니다. 그렇다면 친한 지인이 많은 사람과 그렇지 않은 사람은 무엇이 다를까요?

 대답은 간단합니다. '한 발 더 내디딜 수 있느냐' 여부입니다. 깊은 인간관계를 맺고 싶어도 잡담만 계속하면 관계는 발전하지 않습니다.

1학기 첫 수업 때 학생들에게 랜덤으로 네 명씩 그룹을 만들어 그 자리에서 라인 메신저 아이디를 교환하고 '다음 주까지 함께 무언가를 경험하기'라는 과제를 낸 적이 있습니다. 그러자 단번에 친해진 그룹과 아무것도 하지 않은 그룹으로 나뉘더군요.

전자는 수업이 겹치지 않는 시간에 노래방에 다녀오거나 시간을 맞춰 같이 점심을 먹었다는 결과를 제출했습니다. 하지만 후자는 라인 아이디를 교환한 후, 연락만 몇 번 하고는 그냥 끝나버리고 말았습니다.

두 그룹에 결정적인 능력 차이가 있었냐 하면 그렇지도 않았습니다. 학생들의 대화 능력에는 그다지 차이가 느껴지지 않았지만 다른 점이 하나 있었습니다. 적극적으로 교류하는 그룹에는 먼저 "~하지 않을래?"라고 묻는 학생이 있었다는 점입니다.

"근처에 맛있는 음식점이 있는데 가지 않을래?"

"이 수업 끝나고 다 같이 학생 식당에서 점심 먹고 커피 마시지 않을래?"

이렇게 제안하는 사람이 있는 그룹과 없는 그룹이라는 차이뿐이었지만 결과는 완전히 달랐습니다. 작지만 용기 있는 발언이 현실을 바꾼다는 사실을 잊지 마세요.

"~하지 않을래?"라고 말을 걸 수 없는 가장 큰 원인은 지나치게 눈치를 보기 때문입니다.

'이런 말 하면 다른 사람에게 폐가 되지 않을까?'
'너무 눈치 없이 사적인 부분을 건드리는 거 아닐까?'
'이런 제안을 하면 내가 센스 없다고 생각하는 거 아냐?'

여러 가지를 고려하다 보니 이도 저도 못하는 것이죠. 이런 생각에 빠진 그룹은 인간관계를 변화시키지 못합니다. 그런데 흥미로운 건 교류가 없었던 그룹도 수업 후 설문 조사에서는 '친구가 되고 싶었는데 아쉽다'는 속마음을 써서

낸다는 겁니다.

그 그룹 학생들도 사람이 싫다거나 혼자 있는 게 좋은 게 아니라 친구를 만들고 싶었던 것입니다. 그래서 저는 다음 수업에서 "다시 한번 해보세요. 하지 못하는 그룹이 있으면 할 수 있을 때까지 하겠습니다"라고 말했습니다. 그러자 이번에는 모든 그룹이 무언가를 함께 했다는 결과물을 제출했습니다.

학생들의 행동이 바뀐 것은 제가 할 수 있을 때까지 하겠다고 강제성을 부여함으로써 그들 사이에 있던 '눈치'라는 벽을 허물었기 때문입니다. 학생들은 '할 수 있을 때까지 한다고? 눈치 볼 때가 아니네'라고 여겨 행동을 바꾼 것입니다.

저는 오랜 경험을 통해 학창 시절에 만난 친구들이 평생 친구가 된다는 것을 알고 있습니다. 그런데 신입생들이 친구는 되고 싶으면서도 서로 눈치 보느라 아무것도 못하는 것이 너무 아쉬웠습니다. 서로 수업이 달라 시간이 맞지 않는다면

오래도록
관계가 지속되는
그룹은 어느 쪽일까?

**실제로 "~하지 않을래?"라고
묻는 그룹**

or

**메신저 아이디를
교환하는 그룹**

빈 시간 동안 메신저로 연락하는 등 방법은 얼마든지 있으니까요.

이런 방법을 찾아보지 않고 친구가 없다고 하는 사람들에게 '마음은 있는데 눈치 보느라 새로운 인간관계를 맺지 못해도 정말 괜찮은지' 묻고 싶습니다.

> **자연스럽게
> 다음 기회를 만드는 사람**

 대화를 하는 도중에 자연스럽게 '다음에 만날 기회'를 만드는 사람이 있습니다. 이런 사람은 잡담을 하다가도 "아, 그러면 이 영상은 메신저로 보낼게요"라며 어느 틈에 '다음 기회'를 만듭니다. 덕분에 자연스럽게 메신저 아이디를 교환하고 물 흐르듯 친해집니다.

 이때 제공하는 정보는 일상에 도움이 되는 내용이면 충분합니다. 세계경제니 분쟁 지역이니 하는 거창한 주제가 아니라 "이 가게, 느낌이 좋았어", "그건 이 영상이 잘 설명해주더라", "그 곡을 좋아하면 이 뮤직비디오도 마음에 들 거야" 등 실질적으로 도움이 되는 콘텐츠 소개 정도면 됩니다.

상대방이 알고 싶어 하는 정보를 보내주면 기뻐할 테고 서로 좋아하는 콘텐츠를 주고받으면서 감상을 나눌 수 있습니다. 이렇게 정보 교환부터 시작해서 '이번에는 이것 어때요?'라며 가볍게 메시지를 주고받고, 받은 사람은 '재미있었어'라고 답합니다. 서로 주고받으면 내가 좋아하는 것을 강요하는 게 아니기 때문에 집요하다는 느낌을 주지 않습니다. 그것이 대화의 실마리가 되어 새로운 인간관계가 생겨날 것입니다.

약속을 잡을 때는 구체적으로 제안하기

개인적으로 좀 더 친해지고 싶은 상대방이 있다면 약속을 정할 때 선택지를 제시하는 것이 좋습니다.

갑자기 "주말에 약속 있어?"라고 묻고 상대방이 없다고 하면 "그럼 ○○에 가자"라고 말하는 사람이 있죠. 그저 일정이 비어 있다고 말한 것뿐인데 대답한 순간, 약속을 정하게 됩니다. 이처럼 자기중심적인 권유 방식은 상대에게 불쾌감을 줄 수 있습니다. 그렇다고 "다음에 한번 맛있는 밥 살게요. 어때요?"라고 하면 너무 막연해서 정말로 만날 수 있을 것 같지 않습니다.

정말 만나고 싶다면 "이번 달 말쯤 퇴근 후에 이런 가게 가보는 거 어때요?"라는 식으로 구체적인 제안을 해보세요. 가능하다면 가게를 몇 군데 말해서 선택지를 주는 것도 좋습니다. 그래야 상대방도 답하기 쉬우니까요. 그저 막연히 "어때요?"라고 말하면 만남이 이루어질 확률은 거의 없습니다.

"~하지 않을래?"라고 말하는 것이 부담스럽다면 그냥 단순히 '제안'일 뿐이라고 생각해보세요.

그리고 제안할 때는 한 가지가 아니라 몇 가지 선택지를

약속을 잡을 때
상대방을 배려하는 질문은
어느 쪽일까?

"다음 주에 퇴근 후
식사라도 어때요?"

or

"이번 주 토요일은
비어 있나요?"

주면 더 좋습니다. 예를 들어 점심을 함께 먹자고 권유할 때라면 "근처 카레집 아니면 조금 비싸지만 맛있는 일식집 중에 어디가 좋겠어?"라고 양자택일 형식으로 제안하는 것입니다. 구체적인 선택지가 있다면 "오늘은 카레가 좋아"라는 상대방의 대답을 이끌어낼 수 있습니다.

어색한 관계를 푸는 요령

무언가를 함께 하면서 친해지는 방법도 있습니다. 과거에 학생들은 마작을 통해 친구를 사귀기도 했습니다. 대학 주변에 마작 가게가 많았고 자주 가서 게임을 하는 학생들도 많았습니다.

마작은 모두가 한 테이블에 둘러앉아 자신의 패를 내려놓는 게임입니다. 그 때문에 게임을 하면서 잡담이나 개인적인 대화를 할 수 있습니다. 하룻밤 함께 마작을 하고 나면 서로 굉장히 친해지곤 했습니다.

게임이 아니더라도 작업이나 운동을 같이 해도 좋겠군요. 같은 콘텐츠를 보면서 X(구 트위터)에 감상을 올릴 수도 있습니다.

서로 얼굴을 바라보며 "자, 이제부터 대화하자"라면서 친해지는 것은 아닙니다. 상대방과의 거리를 좁히려면 무언가를 함께 하면서 감상을 공유하면 관계가 자연스럽게 깊어질 것입니다.

상담을 요청하면서 거리를 좁히는 방법도 있습니다. 상담 소재는 최근 나에게 일어난 가벼운 문제가 좋습니다. 예를 들어 "이 앱 사용법을 잘 모르겠어" 같은 것이 있겠죠.

사람은 대부분 누군가에게 도움이 되고 싶어 합니다. 그래서 상담 요청을 받으면 보통 자기 일처럼 진지하게 대답해 줍니다. 누군가에게 도움을 줄 때 뿌듯함을 느끼기 때문이죠. 그런 만큼 이야기를 듣는 사람도 신나서 자신의 지식을 알려줄 수 있고 화젯거리로 삼기에도 적절합니다.

부담을 주고 싶지 않다면 **상대방이 잘 알고 있는 것을 물어보는 것도 좋습니다.** 특정 지역의 가게를 잘 아는 사람이라면 "오늘 밤 동생이 지방에서 올라오는데, 맛있는 곳이 있다면 알려주실 수 있나요?" 등 상대방이 잘 아는 분야에 대해 질문하면서 대화를 해나가는 것입니다.

수업 시간에 '상담해주기' 활동을 해보니 학생들은 처음 보는 사이인데도 모두 상대방의 이야기를 진지하게 듣고 공감하면서 성실하게 조언해주더군요. 상담을 잘해주면 상대방과의 관계가 돈독해질지도 모릅니다.

지난번에 했던 이야기부터 시작하기

처음에 만났을 때 즐겁게 대화하고 좋은 시간을 보냈지만, 두 번째 만났을 때 어색해하는 사람이 있습니다. 하지만 고민할 필요 없습니다. '지난번에 했던 이야기'를 복습하면 되니까요.

A 지난번엔 감사했어요.

B 아, 그때는 재미있었어요.

A 그러고 보니 지난번에 말씀하신 강아지, 잘 지내나요?

B 네, 여전히 장난꾸러기예요. 그 이후로 일은 어떻게 되었어요?

A 그렇군요. 사실 요즘….

화젯거리가 도저히 생각나지 않을 때는 "지난번에는 무슨 이야기를 했죠?"라고 직설적으로 물어봐도 됩니다. 두 사람이 함께 떠올리면서 지난번에 공유한 시간을 다시금 체험할 수 있습니다. 만약 잊어버렸어도 "죄송해요. 나이가 들어서 그런지 기억력이…"라며 웃어넘기면 됩니다.

지난번에 나눈 이야기에 덧붙여 15초 정도 근황 토크를 하면 더 좋습니다. 장황하게 이야기하지 말고 최근 내 주변에 있었던 이야기를 짤막하게 합니다. 요즘 일어난 사건을 말하는 거라 지난번 이야기와 겹치지 않고 말하는 본인도 새로운 마음으로 이야기할 수 있습니다.

5장

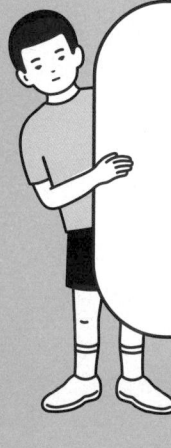

언제 어디서나 쉽게 말문 트는 법

> **모임은 관계를 넓히는
> 소중한 기회**

나를 둘러싼 인간관계는 넓은 것이 좋을까요, 아니면 좁더라도 깊은 것이 좋을까요?

다양한 의견이 있겠지만, 일단 한번 '넓히는' 일에 도전해보는 것도 좋습니다. 그러고 나서 본인에게 제일 편한 인원수로 정착하면 됩니다. 인간관계를 넓히기 가장 좋은 방법은 다양한 모임이나 집단에 참여하는 것입니다.

이번 장에서는 여럿이 모이는 자리에서 인간관계를 맺는

법, 즉 집단에서 다른 이와 소통하는 방법에 대해 정리해보고자 합니다.

인터넷과 SNS 덕에 빠르고 쉽게 인간관계를 맺을 수 있는 시대입니다. 저는 대학에서 3일 동안 집중 수업을 할 때 '지인의 수를 극단적으로 늘려보는' 활동을 합니다. 큰 강의실에 있는 모든 학생이 라인 메신저 아이디를 공유하고 어떤 커뮤니케이션이 생기는지 실제로 시도해보는 것입니다.

강의에 참여한 학생은 150명 정도인데, 모두 라인에 접속해 단톡방을 만들고 그곳에 자신이 추천하는 사진이든 뭐든 게시물을 올리도록 합니다. 그러면 모두의 게시물이 화면에 착 펼쳐집니다. 150명과 모두 한순간에 연결되는, 대단한 체험이죠. 이런 환경에서는 지금까지와 다른 형태로 인연을 맺는 방식이 생겨납니다.

각자 깊은 관계를 맺지 않더라도 많은 사람이 조금씩 정보를 공유함으로써 쌓이는 지식량이 상당합니다. '친구'와는 조금 다른 개념이지만 의견을 순식간에 교환하는 '동료'라고 할 수 있겠죠.

소셜 미디어 X에 제가 좋아하는 유명 밴드 노래에 대해 글을 올린 적이 있습니다. 그러자 밴드의 열성 팬들이 제 글을 많이 공유해주시더군요. 저는 그때 왠지 모를 일체감을 느꼈습니다. 내게 '최애'가 있다면 SNS 공간에서 누군가와 연결될 수 있습니다. 어쩌면 걱정과 달리 SNS 덕에 사람과의 사이가 점점 더 결속되어 고독이란 말이 사라지는 중일지도 모릅니다.

딱 한 명과 친해져도 목표 달성

리셉션이나 파티, 모임 등 많은 사람이 모이는 장소는 인간관계를 넓힐 수 있는 소중한 기회입니다. 하지만 '결국 아는 사람하고만 대화하다 끝나버리는' 경우가 있습니다. 이러면 조금 아깝습니다.

저는 지금 몸담고 있는 대학에서 근무하기 시작했을 무렵, 같은 대학의 어느 선배님에게 이런 조언을 들었습니다.

"이런 장소에서는 모두와 지인이 되려고 하면 지칠 거예요. 한 번 모일 때 새롭게 한 명하고만 친해진다 생각하고 나와보세요."

저는 그대로 따라 해보기로 했습니다. 저처럼 '딱 한 명과 친해지면 목표 달성'이라고 생각하면 큰 파티도 기죽지 않고 참가할 수 있습니다. 한 번에 한 명과 친해지더라도 모임에 다섯 번 나가면 친한 사람이 다섯 명 생기는 셈입니다. 이런 식으로 생각하니 동기부여도 되고 긴장도 하지 않게 되었습니다.

아는 사람이 하나도 없을 때는 나와 비슷한 사람에게 말을 걸면 됩니다. 만약 사전에 참가자를 알고 있다면 얼굴은 알아도 대화해본 적이 없는 사람이나 SNS로 서로 팔로하지만 실제로 이야기해본 적은 없는 사람에게 말을 걸어보는 게

모임에서는
어떤 식으로
행동하면 좋을까?

**친해질 수 있을 것 같은
딱 한 명만 찾으면 된다.**

or

**다양한 사람과
친해지려고 노력한다.**

어떨까요.

"예전부터 얼굴은 많이 뵈었는데요", "SNS로 연락한 적이 있는데요"라는 식으로 인사합니다. 명함이나 메신저 아이디를 교환할 수 있으면 새로운 관계가 생겼다고 생각해도 되겠죠.

말을 걸 때는 상대방의 정보를 어느 정도 알아두는 것이 좋습니다. 하지만 사전 정보가 없는 경우에는 어떻게 하면 좋을까요?

사실 이야기를 걸 만한 계기는 얼마든지 있습니다. 예를 들어 스탠딩 파티에서 초밥을 집으려고 할 때 상대방도 초밥을 집어 들었는데 성게 알 초밥이 하나밖에 남지 않았다고 합시다. "아, 가져가세요"라고 양보하면서도 "초밥은 금방 없어지네요"라는 식으로 눈앞에 있는 요리를 소재 삼아 자기소개를 하는 것이죠.

이처럼 특별한 이야기를 준비하지 않아도 상황에 따라 소재를 선택하면 됩니다. 닭튀김을 가지고도 이야기를 시작할 수 있습니다. 그릇에 담는 순서를 기다리면서 "닭튀김이 인기가 많네요"라고 말을 걸면 바로 대화를 시작할 수 있을 것입니다.

이어서 "저는 ○○에서 근무하고 있는데요…"라고 자신의 정보를 공개합니다. 상대방에 대해 묻기 전에 자신의 신분을 알려 수상한 사람이 아님을 밝히는 것입니다.

공통의 지인이 있다면 이야기는 빠르게 진전됩니다. '친구의 친구는 모두 친구다'라는 말은 사실입니다. "그 사람 아세요?"라며 한 번에 신용을 얻을 수 있습니다. 특히 지방 도시에서는 이런 경향이 강합니다.

한편 도시에서는 지방과 달리 서로의 배경이 다른 경우가 많아 공통의 지인이 없을 때도 있습니다. 그럴 때 도움이 되는 방법이 '현재 가장 화제가 되는 뉴스'를 이야깃거리로 삼는 것입니다. "지금 TV에 수해 현장이 나오던데, 힘들 것 같죠?"라고 이야기를 이어갈 수 있습니다.

정보를 연결하거나 공감을 얻을 때 스마트폰을 사용하는 것도 추천합니다. 예를 들어 각자 기르는 고양이가 화제에 오르면 이렇게 말할 수 있습니다.

A 아, 귀엽네요. 저희 집도 고양이 기르고 있어요.
B 어떤 아이예요?
A 아직 7개월밖에 안 됐어요. (스마트폰 사진을 보여주며) 장난꾸러기예요.
B 와, 귀엽네요! (사진을 보여주며) 우리집 고양이는 열두 살이 되었어요.

이후에는 자연스럽게 대화가 이어져 다른 이야기로 확장될 수 있습니다. 스마트폰의 정보 전달력은 엄청나죠. 사진이나 동영상을 보여주면 굳이 설명하지 않아도 말하고 싶은 것이 바로 전달되니까요. 화면을 서로 보여주면서 그 흐름을 타서 메신저 아이디를 교환해보세요. 그러면 관계도 자연스럽게 이어나갈 수 있습니다.

'친구의 친구는 모두 친구'라는 말은 인간관계를 잘 설명해준다고 생각합니다. 신기하게도 처음 보는 사람이지만 공통의 지인이 있으면 "나, ○○랑도 친해", "어? ○○ 씨랑 아는 사이세요? 사실은 저도 알아요"라며 단숨에 상대방과의 거리가 가까워집니다. 또 지인의 존재가 자신의 신용을 높여주기도 합니다.

인간관계는 일대일이 아니라 그물망같이 촘촘하게 연결되어 있습니다. 따라서 새로 알게 된 상대를 자신의 이익을 위해 당장 이용하려 생각하지 말고, 언젠가 필요할 수도 있는 누군가와 연결될지 모른다는 자세로 만나는 것이 좋습니다. 마찬가지로 지금 당장 자신이 얻을 것이 없다는 이유로 무례한 태도를 보여서도 안 됩니다.

'친구의 친구' 이론을 악용하는 것이 사기꾼과 다단계입니다. 만약 모임 인원 중 누군가가 그런 단체에 넘어간다면 공통의 지인이라는 관계를 악용해 인간관계를 모두 파괴시킵니다. 그러므로 자신의 이익을 위해 인간관계를 이용하지 않는다는 원칙은 반드시 지켜야 합니다.

주변 상황에 가볍게 반응해보자

어떤 모임에 가더라도 결국 혼자 있게 되는 사람은 다음과 같은 이유 때문이 아닐까 생각해보세요.

"길에서 지나가다 봤는데, 말 걸기 어려운 분위기여서…"라든가 "잘 모르겠지만, 맨날 화나 있지 않아?"라는 말을 자주 듣는 사람은 대부분 시선이 밑을 향하고 있습니다. 즉 아이 콘택트를 하기 어려운 상태죠. 그 때문에 소통을 거부하는 듯 보입니다.

"다가오지 마"라고 말하는 것 같은 분위기를 풍기는 경우는 얘기가 다르지만, 누군가와 즐겁게 지내고 싶을 때는 본의 아니게 안타까운 상황입니다.

고개를 들고 마음속으로 "아, 안녕하세요"라고 말할 타이밍을 찾는 연습을 하면서 걸어보세요. 주변에 가볍게 반응할 수 있는 센서를 작동시키면 다른 사람이 나에게 느끼는 첫인상이 부드러워집니다.

표정에 변화가 없는 사람에게도 말을 걸기 어렵습니다. 이건 45세 이상 남성에게 해당되는 경우가 많은데, 나이가 들수록 점점 표정 근육이 움직이지 않게 됩니다.

근육이 굳어 표정이 딱딱해지는 것을 막으려면 몸을 가볍게 움직이거나 손끝을 문질러서 따뜻하게 하는 등 근육을 깨워봅시다. 화장실 거울 앞에서 웃어 보이거나 소리를 내지 않고 '아이우에오'라고 크게 입을 벌리면서 표정 연습을 해도 좋습니다.

강연회에서 중년 남성 1,000명에게 그 자리에서 가볍게 점프하도록 시켰더니 분위기가 아주 좋아진 적이 있습니다. 표정 근육도 풀리고 잘 웃게 되더군요. 그렇다고 다른 사람 앞에서 갑자기 점프할 수도 없는 노릇이니 제자리에서 가볍게 무릎을 구부렸다 펴면서 둔해진 세포를 깨워 활력을 되찾아보세요.

누구하고든 대화할 수 있다는 마음으로 소통 영역을 넓혀두는 것도 중요합니다. 요즘은 남녀 불문하고 첫인상만으로 상대방이 어떤 사람인지 판단하는 경우가 많은 것 같습니다. 택배를 주고받듯이 현관에서 얼굴만 살짝 보고 바로 문을 닫아버리는 듯한 느낌입니다. 그만큼 타인에 대한 경계심이 매우 높은 것 같습니다.

영역이 좁으면 애초에 만남 자체가 이루어지기 어렵습니다. 그러니 다른 사람을 맞아들이는 접수 창구는 최대한 열어두었으면 합니다.

마음이 맞는 사람을 딱 한 사람만 노리는 것이 아니라 "누구든 들어오세요"라고 이야기하듯 여유 있게 기다립니다. 그러다 누군가와 눈이 마주치면 가볍게 목례하고 "아, 안녕하세요"라고 이야기에 끼어드는 것입니다.

그런 여유로운 자세가 다른 사람의 관심을 끌어당기지 않을까요?

> **낯선 이에게
> 말을 건네는 법**

상대방에게 처음 말을 걸 때 "안녕하세요"라고 인사하는 것이 기본입니다. "안녕하세요"라는 말을 입 밖으로 내지 않더라도 목례만 하는 것도 괜찮습니다. 목례를 하면 말을 거는 것과 같습니다. 눈을 마주치고 가볍게 고개를 숙이면 첫 번째 커뮤니케이션이 이루어집니다.

'그걸 모르는 사람이 어디 있어'라고 생각하실지 모르겠군요. 하지만 해보면 생각보다 꽤 어렵습니다. 일단 아이 콘택트하는 게 생각보다 어렵습니다. **아이 콘택트는 기본적으로 1초**

정도를 권합니다. 2초 이상이 되면 상대방이 조금 기분 나빠 할 수 있습니다. 1초 동안 아이 콘택트를 한 뒤 웃는 얼굴로 가볍게 목례하고 "안녕하세요"라고 소리 내서 말해보세요.

눈도 맞추지 않고 목례도 하지 않은 채 갑자기 말을 걸면 상대방이 당황할 수 있습니다. 그러므로 상대방과 무난하게 의사소통하려면 가벼운 인사부터 시작하면 좋습니다.

상대방에게 '느낌 좋은 사람'이라는 인상을 주려면 대화 내용뿐만 아니라 다른 요소도 중요합니다.

목소리를 예로 들 수 있습니다. 평소에는 의식하지 않겠지만 남에게 믿음을 주는 목소리 톤이 있습니다. 이야기의 재미를 따지기 전에 상대방이 안심할 수 있는 톤으로 말하고 있는지 신경 써야 합니다.

노래방에 가면 목소리의 음역에 맞춰 키를 조정할 것입니다. 그것과 같다고 생각하면서 **자신의 목소리 음역 중에 상냥하**

고 부드러운 톤, 집요하지 않고 자연스럽게 대화를 시작할 수 있는 목소리 높이와 크기는 어느 정도인지 찾아보세요. 또 이야기하는 방식도 중요합니다. 갑작스럽게 시작하기보다 온화한 분위기에서 부드럽게 말해야 상대방이 안심합니다.

말투가 부드럽다면 이야기 내용이 좀 과격하더라도 상대방이 받아들이기 쉽다는 장점이 있습니다. 처음부터 거침없이 말하면 상대방이 경계하기 때문이죠. 일할 때도 활용할 수 있으니 항상 말투에 신경 써보세요.

말을 거는 타이밍도 중요합니다. 포인트는 너무 주저하지 않는 것입니다. 타이밍을 재느라 주저하면 상대방 입장에서는 이상하다고 느낄 수 있습니다. 주저하지 말고 가볍고 밝게 인사하며 대화에 참여하는 것이 가장 좋습니다.

모임 이후에 관계를 이어가는 법

　모임에서 누군가를 알게 되었다면 모임이 끝난 뒤 어떤 형식으로든 연락을 취해보세요. 비즈니스 상황에서는 처음 만나면 명함을 교환하곤 하죠. 받은 명함을 어딘가 넣어두고 다시는 꺼내지 않는 사람도 있지만, '오늘 감사했습니다. 많은 공부가 되었습니다'라고 메일을 보내놓으면 다음에 연락하고 싶을 때 수월하게 다가갈 수 있습니다. 몇 년 뒤라도 '그때 인사했던 ○○입니다'라는 식으로 연락을 할 수 있습니다.

　모임에서 처음 만나는 사람이 여러 명인 경우, 분명 화기애애하게 대화를 나눴지만 다음에 만났을 때 이름이 기억나지 않을 때가 있죠. 이를 방지하기 위해서는 '공간을 파악하는 것'이 도움이 됩니다. 회의라면 책상을 그리고 어느 자리에 누가 앉아 있었는지 메모합니다. 그러면 나중에 떠올릴 때 '아, 그 자리에 앉아 있던 ○○ 씨구나'라고 기억이 날 것입니다.

마치 야구 선수를 포지션으로 기억하는 것과 같습니다. 1루를 지키는 사람과 3루를 지키는 사람은 헷갈리지 않으니까요. 누가 어디에 앉았는지 기록할 때 그 사람의 인상도 짤막하게 적어놓으세요. 그럼 더 기억하기 쉽습니다.

처음 말을 걸 때는 모호한 대화도 좋다

조금 더 친해지고 싶은 상대가 이성이라면 잘 보이려고 지나치게 애쓰는 사람이 있습니다. 하지만 첫 대화는 자연스럽게 하는 것이 좋습니다. 예를 들어 "예전에 어디서 뵌 적 있지 않아요?"라고 조금 막연한 질문을 해봅니다.

A 어디서 뵌 적 있지 않아요? ○○대학에 있지 않으셨어요?
B 네. 거기 다녔어요.
A 그런데 오늘은 무슨 일로 오셨나요?
B 아, 그냥 상황 좀 살펴보려고요.
A 아, 저도 분위기 좀 보러 왔어요.

딱히 내용이 없는 질문이지만 모호한 대화에서 시작해 동조하는 흐름으로 연결되도록 해봅시다. 처음부터 다짜고짜 "어디에서 오셨어요?"라고 물으면 상대를 부담스럽게 할 수도 있습니다. 분위기를 흐트러뜨리지 않도록 살짝 부드럽게 말을 거는 것이 좋습니다.

단, 첫 대화나 아이 콘택트를 해본 결과, 상대방이 나에게 마음을 열 준비가 되어 있지 않다고 느낀다면 더 이상 애쓰지 않는 것이 현명합니다.

그런데 남성의 경우, 상대 여성이 자신에게 마음을 열었는지 판단하기가 매우 어렵습니다. 왜냐하면 남성은 커뮤니케이션 능력이 매우 뛰어나(?) 누구하고든 열린 마음으로 대화하는 여성과 자신에게만 마음을 열고 대화하는 여성을 잘 구별하지 못하는 경향이 있기 때문입니다. 나뿐 아니라 다른 이와도 잘 대화하는 여성에게 '나를 특별히 마음에 들어 하나 보다'라고 생각하면 큰일이니 조심하는 것이 좋습니다.

자연스럽게 스며드는 것이 중요하다

인간관계를 넓히려면 대화에 적극적으로 끼어드는 것도 필요합니다. 관심 가는 모임이 있다면 그 모임의 멤버에게 부탁해 함께 참석해보세요.

어디든 잘 끼어드는 제자가 있었습니다. 예를 들어 어떤 모임이 있다면 별로 관계가 없는 경우라도 "다 같이 회식하는 게 어때요?"라면서 분위기를 주도했습니다. "학점하고는 상관없지만, 교수님 수업이 너무 재미있어서 그러는데 청강해도 되나요?"라며 계속 수업을 들으러 올 때도 있었습니다.

취직한 다음에도 어떤 연결 고리로 이어진 것인지 모르지만, 그 제자는 제가 대담을 했던 사람과 친구가 되어 있더군요. "아 참! 그 사람, 사이토 씨 제자라고 들었어요"라는 말을 들었을 때는 정말 깜짝 놀랐습니다. 제자는 관심 가는 사람이 있거나 끼고 싶은 모임이 있으면 스스럼없이 "같이 가도 돼요?"라면서 가볍게 말을 걸었습니다. 그런 식으로 인간관계를 넓혀가는 것도 가능합니다.

어디든 잘 끼어드는 사람 이야기를 하니, 유명한 노장 개그맨이 한 말이 기억에 남습니다. 그분은 제자로 삼아달라는 사람이 너무 많이 찾아와서 힘들다고 합니다. 눈에 띄고 싶어 기발한 행동으로 관심을 끌려는 사람이 많아서도 그렇겠지만, 그분은 "그런 녀석들은 제자로 삼고 싶지 않아"라고 말합니다.

"그럼 어떤 사람이 좋으세요?"라고 물으니 "술 마시고 얘기하다 보니 어느 틈엔가 옆에 있는 사람이 좋아"라고 하시더군요. 이를테면 자기 제자 중 누군가와 친해져서 은근슬쩍 회식 자리에 끼어 있다가 어느새 자기 옆에서 술을 따라주는 사람, 즉 자연스럽게 다가오는 사람이 좋다는 것이었습니다.

"제가 끼어도 괜찮을까요?"라고 묻는 데는 용기가 필요합니다. 하지만 상대방이 어떻게 생각할지 지나치게 신경 쓰는 것은 아무 도움도 되지 않습니다. 여기서 필요한 것은 다른 이의 반응에 무심해지는 것입니다. 눈치 보지 않고 가볍게 물어본다고 생각하면 보기보다 장벽이 높지 않다는 것을 깨닫게 됩니다.

거절당할까 걱정하지 말고 "혹시 같이 가도 괜찮을까요?"라고 물어보세요.

캐주얼한 모임이라면 거절당할 일도 없을 테지만, "이번에는 좀 어려울 것 같아요"라는 말을 듣는다 해도 거부당한 것이 아니라 타이밍이 안 맞았다고 생각하세요. 낙담하지 말고 "그렇군요. 그럼 다음에 부탁드려요"라고 밝게 말해보세요.

> **좋은 인상을
> 남기는 말투**

여러 사람과 함께 대화할 때 누군가 내게 화제를 넘기면 어떻게 해야 할까요? ① 그 이야기에 공감하고 ② 내 이야기를 한 뒤 ③ 제삼자에게 배턴을 넘기는 것. 이것이 기본 스타일입니다. 화젯거리에 공감하면서 그 이야기를 핑계 삼아 자신의 이야기를 하는 것이죠.

A 지금 화제인 만화 ○○, 좋죠. 저도 굉장히 좋아해요.
B ○○, 재미있어요. 저는 얼마 전에 알게 됐는데 다른 작품도 읽어볼까 생각 중이에요. C 씨는 만화를 좋아하시나요? 추천

하고 싶은 거 있어요?

C   저도 ○○는 좋아해요. 지금 웹사이트에 한정 공개 중인 단편이 나와 있죠. D 씨는 인터넷 콘텐츠를 잘 아니까 읽어보시지 않았나요?

D   네, 봤어요. 주인공의 어린 시절 스핀오프 이야기인데, 설정이 재미있어요. (모두에게 스마트폰을 보여주며) 다음에 온라인 감상회 같은 거 하고 싶네요.

A B C   와, 그거 좋네요!

화젯거리에 공감할 때는 "○○, 좋죠"라고 말한 뒤 "○○하니 생각나는데"라는 식으로 이야기의 영역을 넓혀나갑니다.

이때 주위를 둘러보면서 다른 사람에게도 화젯거리를 던져봅시다. 그 자리에 다섯 명이 있다고 한다면 그들이 모두 대화에 참여할 수 있도록 배려하는 것입니다. 몇몇 사람들끼리만 신나서 자신들만의 세계에 빠지거나 특정한 사람과 계속 이야기를 나누는 바람에 한마디도 못하는 사람이 있으면 안 됩니다.

여러 명이 이야기할 때
호감도를 높이는
이야기 방식은?

**누군가의 이야기에 공감하면서
내 이야기를 한다.**

or

**내 차례가 된 것 같으면
바로 끼어든다.**

대화를 이끌어나가는 리더는 이야기를 가장 많이 하는 사람이 아니라 모두가 즐겁게 이야기할 수 있도록 배려하는 사람입니다. TV에서도 그런 역할을 하는 진행자가 있죠. 진행자는 자신의 의견을 말하지 않은 사람이 있으면 자연스럽게 이야기를 그쪽으로 유도해서 대화에 참여할 수 있도록 하는 역할을 합니다.

제가 아는 개그맨 출신의 진행자는 이런 역할을 아주 잘합니다. 게스트들의 에피소드를 사전에 모두 알아놓고 본방송에서 한 사람씩 물어봅니다. 발언권을 배분하는 방식이 고르고 평등해 누구 한 사람 소외되는 일이 없습니다. 게스트가 일반인일 때도 이야기를 재미있게 풀어내 주목받도록 하는 능력도 탁월합니다.

모두가 기분 좋은 시간을 보낼 수 있도록 적극적으로 대화에 참여하는 사람에게는 끌리게 마련입니다. 자연스럽게 '다음에도 저 사람이 꼭 왔으면 좋겠다', '또 만나고 싶다'라는 생각이 들게 하는 것이죠.

맞장구만 잘 쳐도 대화는 성공한다

모임에서 이야기에 잘 끼어들 수 없을 것 같으면 맞장구를 쳐봅시다. 사람들이 하는 이야기의 흐름에 맞춰 "맞아, 그렇지"라고 동조하기도 하고 모두가 웃고 있을 때 같이 웃으면서 분위기를 맞춰나가는 것입니다.

내가 중심이 되어 이야기하지 않더라도 열심히 호응하면서 분위기를 띄워도 좋습니다. 소통은 꼭 내가 말을 하고 있을 때만 이루어지는 것이 아닙니다. **좋은 청중이 되는 것도 소통 기술 중 하나입니다.**

중요한 것은 나도 즐겁게 이 대화에 참여하고 있다는 마음을 가져야 한다는 것입니다. 꿔다 놓은 보릿자루 같은 기분이 들면 그것이 행동이나 표정으로 나타나기 때문입니다. 그러면 내 주변에 있는 사람들이 알아차리고 불편하게 여깁니다.

이야기에 끼어들기 어려울 때는 대화에서 들려오는 단어(키워드)를 반복하는 것을 추천합니다. 단지 그것만으로도 대화에 참여한다는 인상을 줄 수 있고, 나 자신도 그런 기분이 듭니다.

A 들어봐! 얼마 전에 처음으로 도호쿠 신칸센의 그랑 클래스(1인당 면적이 넓고 항공기의 퍼스트 클래스에 해당하는 서비스를 제공하는 일본의 철도 좌석-옮긴이)에 타봤어.

B 우아, 그랑 클래스를 탔다고?

A 그랑 클래스에서는 식사가 나오더라. 대박이지.

B 와, 밥도 줘?

A 그런데 프레젠테이션 자료를 완성해야 해서 천천히 즐기지는 못했어. 너무 아까워.

B 천천히 즐기지 못했구나. 아쉽네.

이처럼 맞장구 대신 키워드를 반복하는 것입니다. 본래 여러 사람이 있을 때는 자신의 이야기를 하는 것보다 타이밍에 맞춰 맞장구를 치면서 즐기기만 해도 충분합니다. 오케스트

라로 비유하자면 계속 연주하는 바이올린이 아니라 가끔 등장하는 팀파니의 역할입니다. 그것만으로도 사람들은 내가 함께 대화에 참여하고 있다고 생각하게 됩니다.

계속 나오지는 않지만, 꼭 필요한 악기 같은 역할을 한다면 좀 더 대화를 즐길 수 있을 것입니다.

SNS에서 호감을 사는 법

SNS에서 호감을 얻기 위해서는 야구로 비유하자면 모든 방향으로 공을 쳐낼 수 있는 멀티 히터가 되어야 합니다. 모든 것에 반응하고 꼼꼼하게 멘트를 남기는 것이 좋습니다.

언젠가 수업에서 참가자 모두가 작품을 제출하고 이에 대해 메신저로 멘트를 남기는 활동을 한 적이 있습니다. 그때 가장 인기가 많았던 사람은 모든 사람의 작품에 멘트를 남긴 학생이었습니다. 멘트 하나하나를 정성스럽게 작성했더군요.

수업 참가자 스무 명 전원에게 정성껏 멘트를 남긴 에너지가 전달되었기 때문에 그 학생은 모두에게 감사 인사를 받았습니다. 그 활동을 통해 리액션을 하거나 멘트를 남기는 일은 매우 생산적인 행위라는 사실을 알 수 있었습니다. 타인에게 고루 관심을 두는 것, 즉 사회성이 높은 것 자체가 호감이 가게 하는 요소입니다.

> **아이디어가 샘솟는
> 비즈니스 대화법**

 지금까지 사적인 모임에서 소통하는 방법을 살펴봤다면 이번에는 직장이나 비즈니스 상황에서 도움이 되는 대화법을 알아보겠습니다. 먼저 비즈니스 커뮤니케이션은 크게 3단계가 있습니다. 이것을 순서대로 A, B, C라고 해보겠습니다.

A. 잡담

 큰 의미가 없는 대화입니다. 잡담은 무난한 대화로 인간관계를 만드는 소통 수단입니다.

B. 의미를 주고받는 것

비즈니스에서는 이것이 중요합니다. 상대방이 말하는 것을 요약해서 이해할 수 있고, 그 의미를 상대방과 주고받는 소통입니다.

C. 아이디어를 내는 것

대화하면서 아이디어까지 낼 수 있는 것이 바로 창의적인 관계성이며 이 시대에 가장 가치 있는 일입니다.

이 세 가지가 모두 가능하면 직장에서 완벽한 커뮤니케이션을 할 수 있습니다. 세 단계를 모두 달성할 수 있는 커뮤니케이션이란 어떤 것일까요?

누군가의 고민을 들어주는 상황을 예로 든다면, 상대방의 이야기에 공감하고(A), 무엇을 고민하고 있는지 요점을 이해하고(B), 의미 있는 조언을 하는 것(C)입니다. 그리고 상대방 역시 그 조언을 부정하지 않고 "해보겠습니다"라고 긍정적으로 대답하는 것(C)이라고 할 수 있습니다.

즉 현재 상태를 바꾸기 위한 긍정적인 커뮤니케이션을 성립시키는 것입니다.

창의적인 발상이 나오려면 아이디어를 거리낌 없이 제시할 수 있는 분위기를 만들어야 합니다. 상대방이 내는 아이디어를 환영하고, 부정하지 말고 칭찬하면서 아이디어의 탄생을 축하해보세요. 칭찬은 최강의 소통 기술입니다. 뭐든 아이디어가 나오면 "와, 대단한데?" 하고 칭찬해주세요.

"우아, 대박", "난 생각도 못했어", "흉내도 못 내겠어", "엄청난 아이디어야", "역시 대단해" 등 솔직한 반응을 전달하는 것입니다. 칭찬은 무조건 필요합니다.

회사에서 프레젠테이션을 한다면 발표자는 자신의 제안이 받아들여질지 불안해합니다. 칭찬은 발표자의 스트레스를 줄여주고 다음에 아이디어를 낼 때 동기부여도 됩니다.

아이디어가 하나 나오면 거기에 또 다른 사람의 아이디어를 더해봅시다. '하나 나왔으니 이제 끝. 더는 생각나지 않습니다'라고 단정하면 안 됩니다. 아무것도 생각나지 않아도 열심히 생각해봅시다. 이상한 아이디어든 뭐든 좋으니 무조건 머리를 짜내는 것입니다.

'지금 아이디어는 ○○였지. ○○라고 하니 생각났는데…'라는 식으로 '생각났는데 화법'을 사용하면 아이디어를 발전시킬 수 있습니다.

"그 기술은 다른 XX에게도 쓸 수 있겠네요", "그것을 이 분야에 적용해볼 수 있을 것 같습니다" 등 나온 아이디어를 더 발전시켜나가는 것입니다. 그리고 "잘 생각해냈네요!", "대단해요!"라고 나온 아이디어를 모두 칭찬하세요.

예를 들어 '일본 전국 고교 야구 선수권 대회에서 백네트 뒤쪽 자리를 특정 어른들이 독점하는 것이 문제다'라는 안건이 나왔다고 칩시다. 그때 A 씨가 "어른이 아니라 어린이용 좌석으로 만들면 어떨까요?"라는 아이디어를 냅니다. 그러면 이 의견에 덧붙여 "기왕이면 야구하는 아이들이 좋지 않을까요?", "그럼 유니폼을 입히죠. 초대하는 형식으로" 등 A 씨의 아이디어에서 생각할 수 있는 것을 이야기해나갑니다. 그러면 아이디어가 점점 펼쳐질 것입니다.

내가 낸 아이디어가 그 자리에서 채택되지 않더라도 실망해서는 안 됩니다. 한참 나중에 '그때 그 아이디어를 여기에서 쓸 수 없을까?'라는 상황은 직장에서 꽤 자주 일어납니다. 그런 식으로 언젠가 제안했던 아이디어가 다른 곳에서 실현되는 경우도 있습니다(저도 그런 일이 꽤 있습니다).

창의적인 커뮤니케이션에서 아이디어는 대화를 이어주는 조각이기 때문에 계속 내는 것이 중요합니다. 좋은 아이디어를 내려면 앞에서 말한 '뭐든지 베스트 3' 방식을 활용하는 것도 좋습니다. 괜찮은 아이디어가 떠오르면 머릿속에 저장해두는 것이죠. 아이디어가 좋다는 생각이 들면 바로 메모해두세요.

예를 들어 저는 스티커 사진이 처음 나왔을 때 대단하다고 생각했습니다. 사진을 그 자리에서 스티커로 만들어 교환할 수 있다는 것이 너무 재미있다고 감탄했죠. 노래방이 등장했을 때도 감탄했습니다. 그 전까지는 노래를 부르고 싶으면 술집에 있는 기계를 이용해 다른 손님들 앞에서 불러야 했습니다. 거기에서 힌트를 얻어 개별실에서 부를 수 있는 노래방을 탄생시킨 것입니다. 대단한 아이디어입니다.

제가 생각하는 최고의 커뮤니케이션 형태는 '아이디어를 끊임없이 내고 모두가 웃는 것'입니다. 아이디어를 내는 것이 고통이 아니라 놀이에 가깝다고 여기면, 최종적으로 채택되는 아이디어는 하나라고 해도 그 과정이 즐겁습니다.

조금 전에 커뮤니케이션의 A, B, C에 대해서도 말했지만, 다른 말로 표현하자면 A는 가정적인 잡담, B는 비즈니스 현장의 대화, C는 창의적인 커뮤니케이션이라고 할 수 있습니다.

독일의 철학자 프리드리히 니체Friedrich Nietzsche는 『차라투스트라는 이렇게 말했다』에서 정신의 3단계를 '낙타가 되고 낙타에서 사자가 되고 사자에서 어린아이가 되는 것'이라고 말합니다. 사람이 최종적으로 자립해서 새로운 가치를 찾으려면 어린아이, 즉 창의적인 존재가 되어야 한다고 합니다.

의무감 없이 즐겁게 새로운 놀이를 생각해내는 존재가 현실을 바꿀 수 있습니다. 어린아이처럼 자유로운 커뮤니케이션이 가능하고, 창의적인 만남을 할 수 있다면 우리는 더 활기를 띠게 될 것입니다.

마치며

대화가 통하는
단 한 사람만 있어도

지금은 다양한 가치관이 존재하고 누구나 자신의 사고방식을 우선하는 사회가 되었습니다. 그런 가운데 부담 없이 이야기할 수 있는 사람이 있다면 그것 자체로 소중히 여겨야 한다고 생각합니다.

재미있는 이야기를 하거나 대화의 중심이 되어 이야기하는 사람이 가치가 높은 것처럼 보일 수 있습니다. 하지만 실제로는 앞에 나서지 않아도 충분히 중요한 사람이 될 수 있습니다. 자신의 속도에 맞춰 대화할 수 있는 사람을 만난다면 평생의 보물을 찾은 것이나 마찬가지입니다.

무엇보다 소중한 사람은 '무심한 대화를 길게 할 수 있는 사람'이라고 생각합니다. 밤새도록 이야기를 나눌 수 있는 친구도 그렇지만, 우리는 가족이나 배우자와 일상생활에서 대화를 반복하며 인생을 살아나갑니다. 나와 평생을 함께할 사람은 외모나 경제력을 떠나 대단할 것 없는 내용이라도 대화를 오래 나눌 수 있는 사람이어야 한다는 사실을 잊지 마세요.

이 책이 당신의 일상을 풍성하게 만드는 데 도움이 되길 바랍니다.

부록

> **생각이 많은 이들을 위한
> 커뮤니케이션 스킬 14**

1. '~하니 생각났는데' 방식

상대방이 한 말 가운데 단어 하나를 선택해 '~하니 생각났는데'라고 연결하면 이야기가 자연스럽게 이어집니다.

2. 따라가면서 살짝 늦추기

상대방이 한 이야기를 부정하지 않고 "그렇죠. ○○가 맞죠"라고 말해서 이야기를 조금 늦춰나가는 방식입니다. 이런 방식으로 이야기하면 호감도가 높아집니다.

3. 칭찬하기

사람을 칭찬해보면 자신도 기분이 좋아집니다. 왠지 선물한 것 같은 기분이 들죠. 하루에 한 번씩 칭찬해보세요.

4. 리액션은 크게 하기

리액션은 크게 할수록 상대방을 기쁘게 합니다.

5. 상대방이 말하고 싶은 것을 묻는 질문

자신이 묻고 싶은 것을 묻는 것이 아니라 상대방이 말하고 싶어 할 만한 것을 묻습니다. 그러면 상대방은 자연스럽게 말하기 시작합니다. 이것이 어른의 질문입니다.

6. '관심사 발견 지도'를 사용하기

특별히 관심 있는 것을 표로 만들어 서로 보여주며 이야기하면 훨씬 흥미로운 대화를 나눌 수 있습니다.

7. 상대방이 공들인 부분을 언급하기

누가 나를 위해 무언가를 해주었다면 그 사람이 특히 더 공들인 부분에 대해 이야기합니다. "특히 이 부분이 마음에 드네", "대단하네요. 열심히 하셨네요"라고 칭찬합니다.

8. "우아" 하고 놀라기

상대방 이야기에 "우아", "와!" 하고 놀라면 상대방은 본인이 재미있는 이야기를 하고 있다고 생각합니다.

9. 질문 준비해두기

이야기하고 있을 때 머릿속으로 두세 개 정도 질문을 준비해두면 대화가 끊어지지 않습니다. 질문은 대화에서 윤활유 역할을 합니다.

10. 잡담 이용하는 스킬 기르기

"안녕하세요. 아, 그러고 보니 ○○는 보셨어요?"처럼 인사를 한 뒤 +α를 덧붙이면 잡담으로 대화를 이끌어가는 기술이 늘어납니다.

11. 1초간의 아이 콘택트

아이 콘택트를 1초 정도 하고 나서 대화를 나누면 익숙해진 느낌이 들어 이야기하기 편해집니다. 2초 이상이면 좋지 않은 인상을 줄 수 있으니 1초 정도로만 해주세요.

12. 스톱워치로 연습하기

대화할 때는 딱 떨어지는 깔끔한 말투가 중요합니다. 시간 감각을 익히려면 스톱워치를 사용해 연습하는 것도 효과적입니다. 일단은 15초로 연습해보세요.

13. 고개 자주 끄덕이기

상대의 말에 고개를 자주 끄덕여도 괜찮습니다. 호흡과 함께 '들이마시고 뱉는' 타이밍에 해도 좋습니다.

14. 오픈해도 되는 소재 준비해두기

개인 정보가 중요한 시대입니다. 자신이 오픈해도 되는 내용을 먼저 이야기하면 원활하게 대화할 수 있습니다.

옮긴이 최지현
한양대학교에서 일어일문학을 전공하고 한국외국어대학교 통번역대학원 한일과를 졸업했다. 이후 MBC 편성기획부, (주)한국닌텐도 등 기업에서 통번역사로 근무하다가 번역가가 되었다. 현재 출판 번역 에이전시 글로하나에서 일서 번역과 검토에 힘쓰며 출판 번역가로 활발히 일하고 있다. 역서로 『시간 관리의 정석』, 『왜 그렇게 살아야 할까』, 『무조건 팔리는 스토리 마케팅 기술 100』, 『기분의 디자인』, 『무조건 팔리는 심리 마케팅 기술 100』, 『돈이 되는 말의 법칙』, 『스크럼』 등이 있다.

생각이 많은 당신을 위한 말하기 수업

초판 1쇄 발행 2025년 3월 28일
초판 2쇄 발행 2025년 4월 28일

지은이 사이토 다카시
옮긴이 최지현

발행인 윤승현 단행본사업본부장 신동해
편집장 김예원 파트장 정다이 책임편집 김다혜
표지 디자인 최희종 교정 고영숙
마케팅 최혜진 강효경 홍보 반여진
국제업무 김은정 김지민 제작 정석훈

브랜드 웅진지식하우스
주소 경기도 파주시 회동길 20
문의전화 031-956-7357(편집) 031-956-7088(마케팅)
홈페이지 www.wjbooks.co.kr
인스타그램 www.instagram.com/woongjin_readers
페이스북 www.facebook.com/woongjinreaders
블로그 blog.naver.com/wj_booking

발행처 (주)웅진씽크빅
출판신고 1980년 3월 29일 제406-2007-000046호

한국어판 출판권 ⓒ웅진씽크빅, 2025
ISBN 978-89-01-29361-5 (03190)

- 웅진지식하우스는 (주)웅진씽크빅 단행본사업본부의 브랜드입니다.
- 이 책은 저작권법에 의해 한국 내에서 보호를 받는 저작물이므로 무단 전재와 무단 복제를 금합니다.
- 책 내용의 전부 또는 일부를 이용하려면 반드시 저작권자와 (주)웅진씽크빅의 서면 동의를 받아야 합니다.
- 잘못된 책은 구입하신 곳에서 바꾸어드립니다.